DAS BUCH

Griechenland – Götter, antike Mythen und Heiligtümer kommen einem in den Sinn, hört man dieses Wort. Und liegt nicht zuletzt darin die Faszination dieses sagenumwobenen Landes? In diesem interressanten wie gut lesbaren Buch informiert der niederländische Altertumswissenschaftler Jan N. Bremmer über antike Religion und läßt Ergebnisse der neuesten Forschung einfließen. In sieben übersichtlichen Kapiteln behandelt er Götter, Heiligtümer, Rituale und Mythen sowie die historischen Transformationen griechischer Religion. Erstmals überhaupt in einem Werk dieser Art geht der Autor auf die Geschlechterrollen ein. Seine moderne Darstellung, die sich auf kulturanthropologische Erkenntnisse stützt und die jüngsten Ausgrabungen, Papyrus- und Inschriftenfunde berücksichtigt, bietet eine hervorragende Einführung in die Vorstellungs- und Lebenswelt der alten Griechen.

DER AUTOR

Jan N.Bremmer, geboren 1944, studierte Altertumswissenschaften an der Freien Universität Amsterdam. Seit 1990 ist er Professor für Religionsgeschichte an der Universität Groningen. Herausgeber zahlreicher Werke, hat er neben vielen Aufsätzen auch Bücher zum Thema veröffentlicht: *The Early Greek Concept of the Soul* (1983), *Roman Myth and Mythography* (1987).

JAN N. BREMMER

GÖTTER, MYTHEN UND HEILIGTÜMER IM ANTIKEN GRIECHENLAND

MIT 17 ABBILDUNGEN

AUTORISIERTE ÜBERSETZUNG
VON KAI BRODERSEN

ULLSTEIN

Ullstein Buchverlage GmbH & Co. KG,
Berlin
Taschenbuchnummer: 26537

Ungekürzte Ausgabe
September 1998

Umschlaggestaltung:
Theodor Bayer-Eynck

Printed in Germany 1998
Satz: hanseatenSatz-bremen, Bremen
Druck und Bindung: Ebner Ulm

ISBN 3 548 26537 5

Gedruckt auf alterungsbeständigem
Papier mit chlorfrei gebleichtem Zellstoff

Die Deutsche Bibliothek –
CIP-Einheitsaufnahme
Bremmer, Jan N.:
Götter, Mythen und Heiligtümer im antiken Griechenland/Jan N. Bremmer. Autoris. Übers. von Kai Brodersen. - Ungekürzte Ausg. - Berlin: Ullstein, 1998
(Ullstein Buch; Nr. 26537)
ISBN 3-548-26537-5

Dem Andenken an
Marius Daniël Bremmer
(1933-1992)

INHALT

VORWORT

Alle, die sich für griechische Religion interessieren, haben das Glück, daß ihnen die beste Studie einer ›toten‹ Religion überhaupt zur Verfügung steht: Walter Burkert, *Griechische Religion* (Stuttgart 1977). Meine Übersicht wird sich daher auf Entwicklungen konzentrieren, die etwa seit dem Erscheinen jenes Werkes zu beobachten waren. Wenn im folgenden Burkerts Handbuch nicht ständig angeführt wird, so ist doch sein Einfluß weitreichend und sollte immer vorausgesetzt werden. In meiner Übersicht werde ich eine Synthese neuer Einsichten anbieten, werde zu einigen wichtigen aktuellen Forschungsdebatten Stellung nehmen und einige ausführlichere Analysen als mögliche methodische Modelle anbieten.

Die Anmerkungen nennen nur die neueste Literatur. Die wichtigsten modernen Beiträge stammen dabei aus der Schweiz und aus Frankreich; ferner aus Großbritannien und den Niederlanden, aus den Vereinigten Staaten und auch aus Italien. Deutschland hätte große Bedeutung gehabt, wenn nicht die wichtigsten Fachleute zur griechischen Religionsgeschichte, Walter Burkert und Albert Henrichs, es in den 70er Jahren verlassen hätten. Obwohl es in diesem Zusammenhang nicht immer ausdrücklich erwähnt worden ist, hat jedes Land seine eigene Kultur, die natürlich das jeweilige Bild von der griechischen Religion beeinflußt. Diese Bilder mögen von einer eher romantischen (deutschen) über eine eher philosophische (französische) bis hin zu einer am ›common sense‹ orientierten (englischen) Annäherung an unser Thema geprägt sein. Die vorliegende Übersicht, die von einem Niederländer stammt, ist bewußt eklektisch – was sicher andere genauer entlarven werden.

Eine erste Ausgabe dieses Buches erschien 1994 auf englisch. Für jene verdanke ich tatkräftige Hilfe Annemiek Boonstra; meine Frau Christine sowie

Matthijs den Besten haben die Erstfassungen hilfreich kommentiert; Prof. Herman Brijder, Direktor des Allard-Pierson-Museums (Amsterdam), hat mich freundlicherweise bei der Auswahl der Abbildungen beraten und in großzügiger Weise Photographien zur Verfügung gestellt; Ian McAuslan hat den Text mit selbstloser Geduld redigiert. Den größten Dank schulde ich Barbara Boudewijnse und André Lardinois, die mit ihrem Wissen auf dem Gebiet der Anthropologie bzw. des klassischen Altertums viele Fehler ausgemerzt und mich gezwungen haben, zahlreiche Punkte zu klären oder zu überdenken. Wenn diese Übersicht in mancher Hinsicht zu einem besseren Verständnis griechischer Religion beiträgt, so geht dies weitgehend auf beider sorgfältige Lektüre und anregende Diskussionen zurück.

Für die von mir aktualisierte und autorisierte deutsche Übersetzung (und für manchen wertvollen Hinweis) weiß ich Kai Brodersen großen Dank, für das Mitlesen der Korrekturen Katja Bär und Tanja Scheer, für die engagierte Betreuung des Bandes im Verlag der Wissenschaftlichen Buchgesellschaft Peter Heitmann.

Mündlichen und brieflichen Meinungsaustausch über griechische Religion mit alten und neuen Freunden und Kollegen habe ich stets genossen; so danke ich Christoph Auffarth (der mir vorschlug, eine deutsche Version zu publizieren), Claude Bérard, Walter Burkert, Richard Buxton, Claude Calame, Ken Dowden (der freundlicherweise die vorletzte Fassung des ersten und des letzten Kapitels durchsah), Chris Faraone, Nick Fisher, Fritz Graf (der mit mir den Orphismus besprach), Albert Henrichs, Dirk Obbink (der mich zwang, das Kapitel über die Götter zu überdenken), Robert Parker, Christiane Sourvinou-Inwood, H.S. Versnel und Pierre Vidal-Naquet. Natürlich wäre der beste Weg, das Studium der griechischen Religion zu beginnen, die Werke all dieser Gelehrter zu lesen!

Groningen, Ostern 1996 — Jan N. Bremmer

KAPITEL 1

EINFÜHRUNG: ALLGEMEINE CHARAKTERISTIKA

Gab es jemals so etwas wie ›Griechische Religion‹? Es mag merkwürdig anmuten, diese Einführung mit einer solchen Frage zu beginnen, doch muß von vornherein deutlich sein, daß ›Griechische Religion‹ nie als eine monolithische Einheit existierte. Als Griechenland um 800 v. Chr. aus dem Dunklen Zeitalter auftauchte, hatten sich die verschiedenen Gemeinden in sozialer, politischer und ökonomischer Hinsicht sehr unterschiedlich entwickelt, und diese Prozesse spiegelten sich auch im Bereich der Religion. Jede Stadt hatte ihre eigene Gruppe von Göttern, also ihr eigenes Pantheon, in dem manche Götter wichtiger waren als andere; ja manche Götter wurden überhaupt nicht verehrt (s. Kapitel 2, 3). Jede Stadt hatte auch ihre eigene Mythologie, ihren eigenen religiösen Kalender und ihre eigenen Feiern (s. Kapitel 4, 3). Keine griechische Stadt war eben ein ›religiöser Klon‹.[1] Und doch überlappten sich die verschiedenen Stadt-Religionen so weit, daß der Ausdruck ›Griechische Religion‹ gerechtfertigt ist. Die (mit Wittgenstein zu sprechen) ›Familienähnlichkeit‹ dieser ›Religionen wurde von Dichtern wie Homer und Hesiod (s.u.) verstärkt, die vom 8. Jahrhundert an eine Art gemeinsamen Nenner in der Religion durch Erfinden, Kombinieren und Systematisieren individueller Traditionen produzierten und dann über Aufführungen an aristokratischen Höfen oder lokalen wie auch panhellenischen, also gemeingriechischen Festen verbreiteten.[2]

Griechische Religion erhielt ihre charakteristische Form in den etwa 700 großen und kleinen Poleis, Stadtstaaten, durch die sich die griechische Kultur von Spanien bis zum Schwarzen Meer ausbreitete. Die Unabhängigkeit dieser Poleis ging durch die Entwicklung größerer Mächte wie Sparta und Athen allmählich zurück, bis sie schließlich allesamt im Jahr 338 v. Chr. ihre Eigenständigkeit an Philipp II. von Makedonien abtreten mußten; diese Entwicklungen bewirkten rasche Veränderungen in der Struktur griechischer

Religion (s. Kapitel 7). In dieser Übersicht werden wir uns aber auf die religiöse Praxis und den Glauben in der ›großen Zeit‹ Griechenlands konzentrieren, also in der archaischen und klassischen Zeit. Und da Athen in den Quellen geradezu übermäßig prominent ist, wird diese Polis häufig unser wichtigstes Beispiel sein, doch soll auch etwas von der Vielfalt griechischer religiöser Kultur gezeigt werden.

Bevor wir die unterschiedlichen Aspekte griechischer Religion genauer betrachten, mag es hilfreich sein, ihre Haupteigenarten in breiten Umrissen zu skizzieren. Griechische Religion war ›eingebettet‹, war eher öffentlich und gemeindlich als privat und individuell und kannte keine strenge Trennung zwischen heilig und profan. Sie war polytheistisch und ›vernetzt‹ und diente zur Aufrechterhaltung der Ordnung und zur Sinnstiftung; sie war mit dem Hier und Jetzt befaßt und wurde mündlich, nicht durch geschriebene Texte überliefert. Schließlich war sie von Männern dominiert (s. Kapitel 6) und kannte kein religiöses ›Establishment‹.[3]

Ich möchte diese Einführung mit zwei weiteren Beobachtungen schließen. Erstens geben Religionshistoriker oft ein verhältnismäßig statisches Bild des archaischen und klassischen Zeitalters, als ob die Religion während dieser Periode bis in die Zeit des Hellenismus mehr oder weniger unverändert geblieben wäre. Zugegebenermaßen ist es nicht leicht, das angemessene Gleichgewicht zwischen einem synchronen System und diachronen Entwicklungen zu halten. Doch sollte eine moderne Geschichte zumindest eine minimal diachronische Perspektive versuchen. Außerdem mag das Inhaltsverzeichnis dieses Buches zwar den Eindruck erwecken, daß die folgenden Kapitel alle voneinander unabhängige Gegenstände sind, die kaum etwas miteinander zu tun hätten. Nichts wäre verkehrter als dieser Eindruck. Götter und Heiligtümer, Mythen und Rituale, Geschlechterrollen – all diese Aspekte stützen sich gegenseitig und sollten idealerweise alle in einer eng vernetzten Abhandlung behandelt werden.[4] Dies freilich ist kaum praktikabel, doch wird es wenigstens eine unserer Herausforderungen sein, die ineinandergreifende Natur der Elemente griechischer Religion zu zeigen.

1. Einbettung

Während sich in den meisten westlichen Ländern Kirche und Staat allmählich getrennt haben, zeigt das Beispiel anderer Gesellschaften, etwa des Iran oder Saudi-Arabiens, daß dies heute nicht überall zutrifft. Auch im alten Griechenland war die Religion völlig in die Gesellschaft eingebettet: Kein Lebensbereich entbehrte eines religiösen Aspekts.[5] Geburt, Erwachsenwerden und Tod, Krieg und Frieden, Landwirtschaft. Handel und Politik – all diese Ereignisse und Aktivitäten wurden von religiösen Ritualen begleitet oder waren religiösen Regeln unterworfen; selbst der Liebesakt war nach einer Göttin, Aphrodite, benannt: *aphrodisiazein.* Heiligtümer beherrschten die Stadtsilhouetten, Götterstatuen standen an den Straßenecken; auch der Geruch von Opfern war nie weit entfernt. Ja, Religion war ein so integraler Bestandteil griechischen Lebens, daß die Griechen kein eigenes Wort für ›Religion‹ brauchten.[6] Wenn Herodot die Religionen der Nachbarvölker Griechenlands beschreiben will, benutzt er den Ausdruck ›zu den Göttern beten‹ *(sebesthai tous theous)*, und wenn er die griechische Nation beschreiben will, nennt er ›das gemeinsame Blut, die gemeinsame Sprache und die gemeinsamen Heiligtümer und Opfer‹ (8, 144, 2). Für Herodot also konnte das Problem der Beschreibung fremder Religionen auf die Frage reduziert werden: ›Welche (anderen) Götter beten sie an – und wie tun sie dies?‹.[7] Atheismus war in einem solchen Umfeld einfach undenkbar. Der Ausdruck *atheos* entstand nicht vor dem 5. Jahrhundert v. Chr. und zeigte dann auch nur einen Mangel an Beziehungen zu den Göttern an.[8]

Diese Einbettung der griechischen Religion ging mit dem faktischen Fehlen einer *privaten* Religiosität einher, wie überhaupt das klassische Griechenland noch kaum einen Begriff von Privatsphäre entwickelt hatte. Es konnte individuelle Kultakte geben, etwa Opfer, Votivgaben (s. Kapitel 3, 3) oder ein stilles Gebet (s. Kapitel 4, 2), doch war der Kult immer eine öffentliche, gemeindliche Aktivität, und eine Götterverehrung außerhalb der Kerngruppen Familie, Demos (Gemeinde), Stamm und Stadt galt vor der Schwächung der Polis am Ende des 5. Jahrhunderts nicht als anständig. Dieser öffentliche Charakter bedeutete auch, daß Religion stark mit sozialen und politischen Zuständen verknüpft war. So wie die freien Männer das Lehen in Griechenland beherrschten, so konnten sie religiöse Gelegenheiten für Frauen (s. Kapitel 6, 1) und für Sklaven beschränken, deren religiöse Position bescheiden war – mit Ausnahme der Feste, bei denen die Gesellschaftsordnung vorübergehend aufgehoben war und bei denen sie sich amüsieren konnten (s. Kapitel 4, 3).[9] Ein Beispiel für die Rolle der Politik ist etwa der Kampf um religiöse Autorität in Sparta: Dort hatten die höchsten Beamten in ihrem Wettbewerb um die Macht mit den Königen alternative Verfahren der Einholung göttlichen Rates geschaffen, um unabhängig von den Sehern zu sein, die von den Königen kontrolliert wurden.[10] Auch Athen bietet ein Beispiel: Als die Stadt demokratischer wurde, schuf sie Priesterämter zusätzlich zu denen, die von den Aristokraten kontrolliert waren – und als sie imperialistischer wurde, fing sie an, den Kult ihrer wichtigsten Gottheit, Athene, in anderen Städten durchzusetzen.[11]

Die Einbettung der griechischen Religion beeinflußte auch die Konzeptualisierung des Heiligen. In der modernen westlichen Gesellschaft ist das Heilige auf eine direkte Verbindung mit dem Übernatürlichen beschränkt und scharf vom Profanen abgegrenzt; im antiken Griechenland war dies jedoch ganz anders: Hier existierte eine ganze Vielfalt von Worten, um unseren Begriff des Heiligen auszudrücken. Der wichtigste Begriff hierfür war *hieros*, womit alles gemeint ist, was mit Heiligtümern und den Göttern zu tun hat, etwa ›opfern‹ *(hiereisthai)* und ›Priester‹ *(hiereus)*. Kurz, *hieros* ist ›gleichsam der Schatten, den die Gottheit wirft‹.[12] Es bedeutet aber nicht zugleich Tabu, was von Anthropologen oft mit dem Heiligen verbunden wird; dafür stehen bestimmte andere Verben, *hagizo, enhagizo* und *kathagizo*.[13] Neben *hieros* benutzten die Griechen auch *hagnos*, was auf Menschen und Götter angewandt werden konnte: In Bezug auf die Götter und auf wichtige Institutionen (wie auf die Sicherheit von Schutzflehenden oder von Eiden) kennzeichnet es ihre Erhabenheit, in Bezug auf Menschen hingegen bezieht es sich auf ihre rituelle Reinheit. Die zwei Bedeutungen sind nicht leicht vereinbar, und in spätarchaischer Zeit, als die Kluft zwischen dem Menschlichen und dem Göttlichen größer wurde, wurde ein neues Wort eingeführt, *hagios*, das zuerst für Altäre bezeugt ist (Simonides, Frg. 519, 9) und besonders auf Tempel, Riten und Mysterien bezogen wurde.[14]

Ein anderer Schlüsselbegriff auf diesem Gebiet ist *hosios*. Es deckte einen weiten Bereich ab, hatte aber als Grundbedeutung ›von den Göttern erlaubt oder ihnen gefällig‹. So konnte *hosios* im Gegensatz zu *hieros* verwendet werden, um Geldmittel der Stadt von denen der Götter zu unterscheiden, konnte aber auch Reinheit kennzeichnen, weil jede Verunreinigung eine Beleidigung für die Götter war. Ja, ›gefällig‹ schloß auch ›gerecht‹ ein, was etwa das kürzlich veröffentlichte Grabepigramm eines gewissen Sosikrates illustriert, der ›nicht auf eine *hosios* Weise starb, sondern durch einen ungerechten Tod‹ (*SEG* 38, 440). Die Athener benutzten häufig die Kombination *hiera kai hosia*, um zwei Verhaltensweisen von größter Bedeutung für die Gesellschaft zu kennzeichnen: das richtige rituelle Verhalten und die korrekte Behandlung der Mitmenschen. Auch wenn letzteres nicht eigentlich ›heilig‹ war, hielt man es doch für parallel zu – und koordiniert mit – der anderen Sphäre. Dasselbe gilt in gewisser Weise für wichtige gesellschaftliche Institutionen, etwa das Symposion oder politische Ämter, deren Teilhaber ihre ›Heiligkeit‹ durch das Tragen von Kränzen kennzeichneten. So erscheint im antiken Griechenland das Heilige ›eher als das intensiv Verehrungswürdige denn als das absolut Andere‹.[15]

2. Polytheismus, Frömmigkeit und Reinheit

Anders als das Christentum und der Islam war die griechische Religion polytheistisch. Dies ist nicht nur ein quantitativer Unterschied: Im Polytheismus ist das Pantheon vielmehr eine Art von System, in dem Götter einander ergänzen oder aber im Gegensatz zueinanderstehen können (s. Kapitel 2, 3). Verehrte nun jeder griechische Mensch alle Götter des Pantheon? Wir wissen es nicht, doch ist dies jedenfalls unwahrscheinlich. Das reiche Athen hatte Dutzende von Heiligtümern, während die Ausgrabungen des kleinen Priene an der Westküste der heutigen Türkei überhaupt nur drei Tempel ans Licht gebracht haben. In einigen Fällen mögen die Gläubigen versucht haben, dem Mangel eines eigenen Heiligtums für eine spezifische Gottheit dadurch abzuhelfen, daß sie ein Standbild dieser Gottheit im Heiligtum einer anderen aufstellten, doch im großen und ganzen müssen die Bewohner reicher städtischer Zentren viel mehr Möglichkeiten für die Götterverehrung gehabt haben als der gewöhnliche Mensch auf dem Land oder in einer kleinen Polis.[16]

Anders als Gott oder Allah decken polytheistische Götter jeweils nur eine begrenzte Sphäre des Lebens ab; ihre jeweilige Bedeutung, wie sie sich etwa im Opfer zeigt (s. Kapitel 4, 2), hängt von ihrem spezifischen Bereich ab. Da auch im antiken Griechenland nur die Gesamtheit der Götter das ganze Leben abdeckte, vom ›ordentlichen‹ Apollon bis hin zum ›blutrünstigen‹ Ares, bedeutete Frömmigkeit nie die Hinwendung an einen einzigen Gott, wenngleich die Nähe eines Heiligtums eine spezielle Beziehung zu einem Gott oder Heros (s. Kapitel 3, 3) begünstigt haben mag. Erst in der hellenistischen Zeit wurde *pistis* möglich, der Glaube an *einen* Gott (s. Kapitel 7, 3), und erst nach der Geburt von Judentum und Christentum finden wir Konvertiten.[17] Tatsächlich war eine religiöse Beschränkung zweifellos sogar gefährlich, wie Euripides in seiner Tragödie *Hippolytos* (428 v. Chr.) zeigt, deren Held durch die Anbetung der Artemis, aber die Verweigerung einer Verehrung der Aphrodite ein trauriges Ende findet.[18] Folglich schloß Frömmigkeit noch nicht ein, einen Gott zu lieben. So stellt Aristoteles (*Metaphysik* 1208 b 30) klar fest, daß es ›absurd wäre, wenn jemand sagen sollte, daß er Zeus liebt‹.[19]

Eigentliche griechische Frömmigkeit, *eusebeia*, war zum anderen mit der Wurzel *seb-*, ›in Ehrfurcht zurücktreten‹, verbunden, doch trat in der klassischen Zeit das Element der Ehrfurcht besonders hervor und erstreckte sich gar auf die Liebe zu Eltern und Heimat.[20] Die wichtigste Eigenschaft von Frömmigkeit war die Aufrechterhaltung ererbter Gebräuche. So stellte Isokrates (*Areopagitikos* 30) fest, daß ›Frömmigkeit nicht aus teueren Aufwendungen besteht, sondern darin, nichts von dem zu ändern, was uns unsere Vorfahren weitergegeben haben‹. Pietätlosigkeit, *asebeia*, kam unseren eigenen Vorstellungen näher und schloß etwa Tempelraub ein, die Ermordung von Schutzflehenden, das unerlaubte Betreten bestimmter Tempel oder die Äußerung falscher Vorstellungen. Wenn auch die Zeugnisse für viele Prozesse, die in Athen wegen *asebeia* gegen bekannte Philosophen angestrengt wurden, aus späterer Zeit stammen, steht doch fest, daß Sokrates wegen des Vorwurfs der Neuerung in bezug auf die Götter, nicht etwa wegen Tempelraubs hingerichtet wurde.[21] Religiöse Toleranz war keine große griechische Tugend.[22]

Während die christliche Weltsicht Gott zunehmend von dieser Welt trennt, waren die Götter der Griechen nicht transzendent, sondern direkt in natürliche und soziale Prozesse verwickelt. Mythen berichteten von Götterbesuchen auf der Erde[23] – und in Homers *Ilias* greifen die Götter sogar selbst in den Kampf um Troja ein. Götter intervenierten in der menschlichen Welt auch im Falle moralischer Vergehen: Der Mythos von Ödipus handelt von den tödlichen Folgen des Inzests, und die Spartaner glaubten, daß die Tötung von schutzflehenden Heloten in einem Poseidon-Heiligtum das katastrophale Erdbeben von 462 v. Chr. verursacht habe.[24] Wegen Verbindungen wie der zwischen menschlicher und göttlicher Sphäre hat kürzlich eine Studie die griechische Weltsicht als ›vernetzt‹ im Gegensatz zu unserer eigenen ›separativen‹ Kosmologie bezeichnet.[25]

Eine wichtige Folge des Überschreitens oder gar Bruchs von bestehenden kosmologischen, sozialen und politischen Grenzen war das Auf-sich-Ziehen von Unreinheit. Die Begrifflichkeit von Reinheit und Unreinheit wurde mitsamt der damit verbundenen Praxis in der griechischen Religion äußerst häufig benutzt, um eigentliche Grenzen oder nicht zu vermischende Kategorien anzuzeigen. Natürliche Unreinheiten sind in gewissem Maße aus den Begleiterscheinungen etwa einer Geburt oder dem Verwesungsgeruch eines Leichnams verständlich. Doch würden wir uns wohl kaum des Begriffs der Unreinheit für die Verletzung von Tempeln, Götterstatuen und heiliger Geräte bedienen, also für die Verletzung des Bereichs der Götter, oder für Mord, der die gesellschaftlichen Verhältnisse ebenso verletzt wie die Tötung von Schutzflehenden, während Wahnsinn und andere Krankheiten die Ganzheit der Person beeinträchtigen. Andererseits wurden Inzest und Kannibalismus als ungeheure ›verunreinigende‹ Verbrechen angesehen, bei denen sich die Grenzen zwischen Mensch und Tier verwischten. Als ebenso ›unrein‹ galten Männer, die durch passive homosexuelle Praktiken die etablierten Geschlechterrollen überschritten, und Frauen, die durch Prostitution die Grenzen der Anständigkeit überschritten. Letztere wurden freilich nicht als ansteckend oder gefährlich angesehen; wer also solche sexuellen Aktivitäten praktizierte, mußte nicht wieder ›rein‹ werden. Die Anwendung dieser besonderen Begrifflichkeit mit den entsprechenden Reinigungs-Riten kann als ein wichtiger Weg der Griechen angesehen werden, religiöse und soziale Normen und Werte in einer Zeit aufrechtzuerhalten, in der die Wege des Gesetzes noch nicht entwickelt waren.[26]

Zusätzlich zur Beseitigung von Ungeordnetheit vermittelte die griechische Religion auch Sinn und Lebenshilfe. Träume, eigenwilliges Verhalten, unvorhergesehene Ereignisse wie etwa Schiffbruch, Seuchen und Erdbeben ließen sich allesamt auf je besondere Gottheiten zurückführen und erhielten somit einen erkennbaren und eindeutigen Ort in der griechischen Weltsicht; ja es gab sogar anonyme Götter, denen man solcherlei Probleme anheften konnte.[27] Andererseits wurde nicht alles durch die Vermittlung von Religion nachvollziehbar, manche göttlichen Handlungen blieben unerklärlich. Die Tragödiendichter gingen diesen Handlungen nach, aber die Nebeneinanderstellung des Menschlichen und des Göttlichen in Dramen wie in Aischylos' *Agamemnon* oder in Euripides' *Bakchen* zeigt etwas von der Verblüffung, die gelegentlich von der Reaktion der Götter hervorgerufen werden konnte.[28]

Zumeist aber war die griechische Religion auf das gegenwärtige Leben gerichtet, nicht auf das Leben nach dem Tod. In Homerischer Zeit war der Tod noch immer mehr oder weniger das völlige Ende, obwohl die Menschen an eine Unterwelt glaubten. Im Verlauf des archaischen Zeitalters wurde das Leben nach dem Tod zum Thema von Überlegungen. Aristokratische Kreise (wahrscheinlich jedenfalls die intellektuelleren unter diesen) begannen, über ihr persönliches Schicksal zu reflektieren und sich nach einer Existenz jenseits der zugemessenen Lebensdauer zu sehnen. Allmählich gewann die Vorstellung, durch eine vorbildliche Lebensführung oder durch die Einweihung in Mysterien zur Erlösung zu gelangen, an Beliebtheit (s. Kapitel 7, 1), doch wurde der Glaube an ein Leben nach dem Tod nie so groß wie später im christlichen Mittelalter, wenngleich sich die Meinungen über dieses Thema weitgehend unterschieden zu haben scheinen.[29]

Eine solche Meinungsvielfalt überrascht kaum in einer Gesellschaft, die eher auf mündlicher als auf schriftlicher Tradition beruhte. Bücher spielten in der griechischen Religion (außer bei einigen ›Sekten‹ wie den Orphikern; s. Kapitel 7, 1) keine Rolle, und die religiöse Sozialisierung von Kindern geschah durch die Teilnahme an und das Praktizieren von Ritualen.[30] Dies bedeutet, daß im griechischen Leben religiöse Rituale eine viel größere Rolle spielten als in der modernen Gesellschaft. Und mit dem Fehlen eines Heiligen Buches ging das Fehlen eines Glaubensbekenntnisses und damit auch das Fehlen von Häresie einher. Tatsächlich war die religiöse Autorität stark fragmentiert, weil es keine griechische Entsprechung zu christlichen Geistlichen, jüdischen Rabbinern oder islamischen Mullahs gab. Die meisten Bürger konnten allein opfern; ja, Herodot (1, 132) war erstaunt darüber, daß die Perser einen Magier anfordern mußten, um ihre Opfer auszuführen.

3. Religiöse Spezialisten

Außerhalb ihres eigenen Hauses konnten die Griechen freilich auf bestimmte religiöse Spezialisten treffen, insbesondere Dichter, Priester und Seher. Dichter waren zweifellos die wichtigsten religiösen ›Erfinder‹ und ›Verbreiter‹ von Religion. Auch wenn er damit wohl etwas übertrieb, lag Herodot mit seiner Ansicht nicht ganz falsch, Homer und Hesiod hätten die Theogonie definiert, den Göttern ihre Beinamen gegeben und ihre Funktionen zugewiesen sowie die Form der Götter beschrieben (2, 53, 2). Dichter konnten diesen Einfluß ausüben, weil sie von den Aristokraten unterstützt wurden, die das Leben durch ihre religiöse, politische, soziale und kulturelle Hegemonie kontrollierten.[31] Dichter konnten zudem ihr religiöses ›Kapital‹ vermehren, indem sie den Anspruch erhoben, in engem Kontakt zu den Göttern zu stehen. So gelang es ihnen, die Griechen – wenn auch nicht bedingungslos – glauben zu machen, die von ihnen vermittelten Angaben seien von den Musen göttlich garantiert.[32] Außerdem beanspruchten sie ein privilegiertes Wissen über die Götter, das gewöhnlichen Menschen verwehrt sei, etwa wenn uns Homer (*Ilias* 14, 290 f.) erzählt, daß eine Eule von den Göttern *chalkis* genannt werde, von den Menschen jedoch *kumindis*.[33]

Dichter ›erfanden‹ auch regelmäßig religiöse Traditionen, wobei sie nötigenfalls Anleihen bei den Nachbarvölkern nahmen. Erst in den 50er Jahren unseres Jahrhunderts hat man erkannt, daß der Mythos von der Kastration des Uranos durch seinen Sohn Kronos aus dem Orient stammte; die langsame, aber stetige Entzifferung von immer mehr Keilschrift-Täfelchen hat inzwischen gezeigt, daß sich dieser Mythos letztlich auf die Hurriter zurückführen läßt und über die Hethiter und Phoiniker weitervermittelt wurde.[34] Erst seit den späten 60er Jahren weiß man, daß sich die Geschichte von der Aufteilung der Welt zwischen Zeus, Poseidon und Hades durch das Werfen von Losen, wie sie in der *Ilias* (15, 187-93) beschrieben ist, von dem akkadischen Epos *Atrahasis* herleiten läßt. Und wenn Hera in einer Rede zur Täuschung des Zeus sagt, daß sie zu Okeanos, dem ›Ursprung der Götter‹, und zu Tethys, der ›Mutter‹, gehen wird (Homer, *Ilias* 14, 201), erwähnt sie damit ein Paar, das von dem Elternpaar Apsu und Tiamat des babylonischen Schöpfungsepos *Enuma Elish* abgeleitet ist.[35]

Priester führten größere Rituale durch und beaufsichtigten Heiligtümer (s. Kapitel 3, 1), doch entwickelte sich mangels eines institutionellen Rahmens nie eine eigentliche Priesterschicht. Folglich waren Priester unfähig, den Zugang zum Göttlichen zu monopolisieren oder – wie die Brahmanen in Indien oder die Druiden bei den Kelten – esoterische Systeme zu entwickeln. Insgesamt hatten Priesterämter keinen großen Einfluß, abgesehen von bestimmten Heiligtümern wie etwa Eleusis mit den Eumolpiden und Kerykes (s. Kapitel 7, 1) und dem Apollon-Orakel in Didyma mit den Branchiden (s. Kapitel 3, 3). Trotz ihres bescheidenen Status müssen Priester aber eine wichtige Rolle bei der Übertragung lokaler Rituale und Mythen gespielt haben; Hellanikos, einer der frühesten Historiker, nutzte die Liste der Hera-Priesterinnen von Argos als ihm vertrauenswürdigste chronologische Quelle (*FGrHist* 4 F 74-84).

Im Falle von Problemen oder unerklärlichen Ereignissen war es meist ein Seher, der Hilfe bringen konnte. In der archaischen Zeit waren Seher noch Aristokraten, die an jedem Bereich aristokratischen Lebens – einschließlich des Schlachtfeldes – teilhatten. Aber trotz ihres Expertenwissens waren ihre

Worte nicht definitiv. Den Menschen stand es frei, ihren Rat anzunehmen oder zu verwerfen, und Epos und Tragödie bieten verschiedene Beispiele für Seher, deren Worte vernachlässigt wurden, etwa das des Teiresias in Sophokles' Tragödie *König Ödipus*.[36]

Im späteren klassischen Zeitalter sank die Position von Dichtern und Sehern durch verschiedene Entwicklungen ab, etwa infolge der zunehmenden Verbreitung der Lesefähigkeit, der immer größeren Weltkenntnis und der wachsenden Selbständigkeit. Wenn auch die Tragödiendichter im 5. Jahrhundert v. Chr. noch immer eine wichtige Position bei der Anpassung und Begründung religiöser Traditionen innehatten, mußten sie jetzt ihr ehemaliges ›Monopol‹ darauf mit Historikern und Philosophen teilen. Nach dem 5. Jahrhundert übernahmen erstere weitgehend die Aufgabe des Erhalts religiöser Traditionen, während letztere zu den ›Haupt-Theologen‹ wurden. Außerdem war am Ende der archaischen Zeit die Polis zur wichtigsten religiösen Autorität geworden, die jetzt jede religiöse Interaktion vermittelte und artikulierte und alle kultischen Aktivitäten kontrollierte. Es gab kein Glaubensbekenntnis und keine göttliche Offenbarung – und so appellierte die Polis, wenn sie herausgefordert war, an die traditionelle Natur der Riten, *ta nomizomena*, und Gebräuche, *ta patria* (s. Kapitel 4, 1).[37] Ein solcher Nachdruck auf Tradition konnte zu Steifheit führen, aber eine mögliche Spannung zwischen Konservatismus und Neuerung wurde mittels der Einführung neuer – mithin eben nicht der Aufgabe alter – Kulte gelöst.[38]

KAPITEL 2

GÖTTER

Die Götter stehen nicht im Zentrum der modernen Diskussionen über die griechische Religion.[39] Doch gibt es mehrere Fragen, die zu stellen sich lohnt. Was sahen die Griechen als wichtige Unterschiede zwischen sich und den Göttern und zwischen Göttern und Heroen an? Welche Faktoren trugen dazu bei, die Identität individueller Götter zu definieren (1)? Wie können wir das Pantheon verstehen (2)? Was betrachteten die Griechen als den Einflußbereich der einzelnen Götter? Was war die Eigenart der göttlichen Hierarchie? Und waren die Götter Personen oder Mächte (3)?

1. Gott, Götter und Heroen

In einem Frühstadium ihrer Geschichte ersetzten die Griechen das indo-europäische Wort **deiwos* (lateinisch *deus)* durch *theos*, um die mächtigste Kategorie übernatürlicher Wesen zu kennzeichnen, die sie anbeteten. Das Wort *theos* ist verwandt mit armenisch *di-k*, ›Götter‹, und lateinisch *fanum*, ›Heiligtum‹, doch bleibt seine genaue Bedeutung unbekannt. Manchmal freilich benutzten die Griechen einen anderen Ausdruck: Wenn sie nämlich das Gefühl hatten, daß ein Gott für eine kurze Zeit direkt und konkret in ihr Leben eingriff, sprachen sie von einem *daimon* (was erst später die negative Bedeutung ›Dämon‹ erhielt).[40]

Griechische Götter waren dem uns vertrauten Christen-Gott in wichtigen Aspekten ähnlich, in anderen, nicht minder wichtigen jedoch unterschieden sie sich von ihm. Wie Er waren sie unsichtbar, aber sie waren nicht ›lieb‹ (s. Kapitel 1,2), allmächtig oder allgegenwärtig; außerdem waren sie ›neidisch und unbeständig‹ (Herodot 1, 32, 1); ihre Gegenwart konnte unheimlich, manchmal wahrhaft schreckenerregend sein – und nicht zuletzt waren sie in geradezu frivoler Weise amoralisch. Besonders problematisch ist die Gerechtigkeit der Götter bei Homer, doch erreichen wir wohl ein besseres Verständnis, wenn wir uns die Beziehungen zwischen Göttern und Sterblichen wie die zwischen Fürsten und einfachen Leuten aus dem Volk vorstellen. Obgleich die Götter im allgemeinen die Regeln der Gerechtigkeit aufrechterhielten, besaßen ihre Verpflichtungen gegenüber ihren Verwandten und ihren Freunden Priorität. In dieser Haltung spiegelt sich das Fehlen eines entwickelten Rechtssystems in der Homerischen Gesellschaft, und es ist nur natürlich, daß in einer späteren Zeit, die mehr und mehr Regeln unterworfen war, ein solcher Mangel göttlichen Rechtsempfindens immer deutlicher in Frage gestellt wurde.[41]

Die Unheimlichkeit der Götter gerät vor allem in der Tragödie ins Blickfeld, etwa wenn in Euripides' *Hippolytos* Poseidon aus dem Meer einen Stier entsendet, um Hippolytos zu töten. Diese düstere Seite der Gottheit ist typisch für die Tragödie, doch darf uns ihre Bedeutung in dieser besonderen Gattung nicht zu raschen Verallgemeinerungen veranlassen: Gingen wir nämlich unsere Frage von der Gattung der Komödie aus an, kämen wir zu völlig anderen Ergebnissen. Ja, es ist typisch für die griechische Religion, daß sie diese Polarisierung und Radikalisierung der Erfahrung von Göttlichkeit in sich trug.[42]

Das frivole Verhalten der Götter steht im Gegensatz zu dem ständigen Sich-Abmühen der Sterblichen und ist typisch für den eindeutigen Anthropomorphismus, der den größten Beitrag Homers zur griechischen Religion darstellt.[43] Und doch ist die Ähnlichkeit zwischen Göttern und Menschen nur relativ. Wie die Erscheinung der Demeter in dem ihr gewidmeten Homerischen *Hymnos* (275-80) illustriert, zeigen göttliche Epiphanien die Götter als groß, schön, wohlriechend und eindrucksvoll – kurz als ›Übermenschen‹.[44] Gerade wegen des göttlichen Anthropomorphismus war es nun aber notwendig, die Grenze zwischen Unsterblichen und Sterblichen hervorzuheben.[45] In mehreren griechischen Mythen stehen Götter im Wettbewerb mit Sterblichen: Ariadne fordert Athenes Webkunst heraus, Marsyas Apollons Flötenspiel. Die Geschichten enden dabei allesamt schiecht für die Sterblichen, wie dies auch für Liebesabenteuer mit Göttern zutrifft: Semele wird zu Asche verbrannt, nachdem sie Zeus gebeten hat, sich ihr in seiner vollen Herrlichkeit zu zeigen. Die Aussage dieser Mythen also ist klar: Die Kluft zwischen Göttern und Menschen ist unüberbrückbar.[46]

Und doch machte der Anthropomorphismus die Götter für Kritik verwundbar, wie sie erstmals Xenophanes um 500 v. Chr. öffentlich äußerte. Nachfolgende Generationen von Intellektuellen nahmen diese Kritik ernst und versuchten, sie mittels Allegorie oder aber Rationalisierung zu entkräften. Andere gingen noch weiter; Herodots Anspielung (2, 53, 1) auf die bekannte Aussage des Protagoras (›Über die Götter bin ich unfähig zu entdecken, ob sie existieren oder nicht oder wie sie aussehen‹) zeigt, in welchem Maße die Intellektuellen des 5. Jahrhunderts bereits das traditionelle Bild der Götter in Zweifel zogen (s. Kapitel 7, 2).[47]

Die Götter also unterschieden sich von den Menschen; sie unterschieden sich aber auch von einer anderen Kategorie übernatürlicher Wesen, nämlich von den Heroen, die – wie Jean-Pierre Vernant betont hat – eine Zwischenstellung zwischen Göttern und Menschen einnahmen.[48] Der Ursprung dieser Gruppe liegt noch im dunkeln. Da Homer Heroen-Gräber und Heroen-Kult aus der Sicht des Erzählers bereits als im Entstehen begriffene kultische Institutionen präsentiert, müssen Heroen zu jener Zeit bereits als Kategorie von göttlichen Wesen vorhanden gewesen sein, doch legt das archäologische Beweismaterial nahe, daß diese nicht viel älter war.[49] Insgesamt scheint diese Kategorie eine Art gemeinsamer Nenner für mythologische Größen wie Herakles, verblaßte Gottheiten wie Helena (s. Kapitel 5, 2 und 6, 1), mythische Kultur-Heroen wie Prometheus und bedeutende historische Personen wie Brasidas gewesen zu sein (letzterer war ein spartanischer General, der 422 v. Chr. im Felde gefallen war; s. Kapitel 7, 3).[50] Gewöhnlich waren Heroen wohlwollend und spielten eine wichtige Rolle beim Sichern von Eiden und beim Schutz von Städten, doch konnten sie auch boshaft sein und alle Arten von Krankheiten senden. In einem 1967 veröffentlichten Fragment von Aristophanes' *Heroen* sagt der Chor: ›Wir sind die Hüter guter und übler Dinge; wir achten auf Ungerechte, auf Räuber und Landstreicher und senden ihnen Krankheiten – Husten, Wassersucht, Katarrh, Schorf, Gicht, Wahnsinn, Flechten, Schwellungen, Schüttelfrost, Fieber. Das ist's, was wir den Dieben geben!‹[51] Auch wenn sich Götter und Heroen in ihrer Funktion regelmäßig überschnitten und Heroen manchmal ›Götter‹ genannt wurden, war der Einflußbereich der Heroen meist eher begrenzt und ihr Kult auf ein einziges Grab konzentriert. Dennoch waren die Grenzen zwischen Göttern und Heroen häufig fließend; die Vorstellung von den Heroen insgesamt variierte in der griechischen Welt weitgehend.[52]

Was machte nun die Identität eines individuellen Gottes aus? Diese Frage mag überraschen, da die Möglichkeit, eine Einheit unter den vielfältigen Aspekten der griechischen Gottheiten zu finden, kürzlich völlig geleugnet worden ist. Tatsächlich konnten ja örtliche Manifestationen von Göttern sogar innerhalb einer einzigen Stadt ganz unterschiedlich sein. Dennoch trug eine Anzahl Faktoren zu einem erkennbaren Kern bei. Am wichtigsten war dabei der Name der Gottheit, der oft durch einen Beinamen weiter spezifiziert wurde, mit dem die Funktion oder der Ursprung angedeutet war – etwa Hermes Agoraios, ›des Marktes‹, oder Demeter Eleusinia, ›von Eleusis‹ (s. Kapitel 7, 1).[53] Doch waren nur wenige göttliche Namen sofort verständlich, ja selbst ursprünglich klare Namen wie der des Apellon (dessen Name von *apella*, dem dorischen Wort für die Versammlung abgeleitet ist) oder der der Geburtsgöttin Eleuthyia (wörtlich: ›die Kommende‹) wurden bald zu Apollon bzw. Eileithyia (s. Kapitel 3, 2). Die gebotene Ehrfurcht vor den Göttern unterband offenbar eine direkte Annäherung.[54]

Der Name eines Gottes erhielt seinen Inhalt durch den Mythos (s. Kapitel 5), in dem die Abstammung und die Taten des Gottes wiedergegeben waren. Familiäre Bande waren Mittel zur Erstellung von Verbindungen oder zur Anzeige verwandter Funktionen unter den Gottheiten: Wir können Letos Mutterschaft von Apollon und Artemis nicht von der Verbindung aller drei Gottheiten mit der Initiation, also den Schwellenriten beim Erwachsenwerden (s. Kapitel 4, 3), trennen.[55] Die Nennung der Taten einer Gottheit trug dazu bei, ihre Funktionen zu definieren. Die Homerischen *Hymnen* etwa zeigen Hermes als Dieb, Aphrodite als Verführerin und Demeter als Regründerin der eleusinischen Mysterien. Diese Hymnen geben aber auch göttliche Erscheinungen wieder: Dionysos sah ›wie ein junger Mann kurz vor dem Erwachsenwerden‹ aus, Apollon wie ein ›kräftiger Jugendlicher kurz vor der Mannbarkeit‹. Auch die Kunst reflektierte das geistige Bild, das sich die Griechen von ihren Götter machten, und prägte es zugleich mit. Auf Vasen und Spiegeln sind die Götter häufig mit festen Attributen dargestellt: Poseidon mit einem Dreizack, Athene mit einer Eule (s. Abbildung 1), Zeus mit einem Blitz, Aphrodite mit Tauben (s. Abbildung 2).[56] Diese Attribute müssen zur Identifizierung individueller Götter beigetragen haben; auch in den Träumen erschienen die Götter häufig in einer Form, die aus den – oft vor Ort vorhandenen – Gemälden oder Plastiken geläufig war.[57] Nicht zuletzt aber war der Kult eines Gottes ein entscheidender Faktor: Sein Platz im Kalender, war er nun auffällig oder nicht (s. Kapitel 4, 3), die Lage seines Heiligtums in der Stadt oder aber auf dem Land (s. Kapitel 3, 2), die normale oder aber ›anormale‹

Abb. 1 Athene mit ihrer Eule

Natur seines Opfertiers (s. Kapitel 4, 2), die Art des Rituals als Stütze oder aber Unterminierung der Gesellschaftsordnung (s. Kapitel 4, 3) – all diese Elemente trugen zu einer spezifischen Wahrnehmung individueller Götter bei und halfen so, das Bild zu verstärken, das die Menschen, die sie verehrten, von ihnen hatten.[58]

Abb. 2 Aphrodite und ihre Tauben auf einem griechischen Bronzespiegel, einer typischen Liebesgabe

2. Das Pantheon

Bevor wir über individuelle Götter sprechen, müssen wir das griechische Pantheon als ganzes betrachten. Die Hauptgötter waren eine Gruppe von zwölf *Olympioi*, die auf dem Berg Olympos residierten; ihre Zahl geht mindestens bis ins 6. Jahrhundert v. Chr. zurück, da Peisistratos d. J. um 520 v. Chr. einen Altar für die Zwölf Götter auf der athenischen Agora errichten ließ, von dem aus die Entfernungen zu Orten außerhalb Athens berechnet wurden.[59] Wie aber können wir eine Ordnung in dem Durcheinander von Göttern finden, zu dem auch viele kleinere Gottheiten gehörten, etwa Pan und die Nymphen (s. Kapitel 7, 2)? Es war lange üblich (ja, ist es teils noch immer),[60] einfach zwischen Olympischen und Chthonischen Göttern (also himmlischen Gottheiten und Mächten der Erde und der Unterwelt) zu unterscheiden. Diese Sicht entstand in der Romantik und galt bereits im frühen 19. Jahrhundert als kanonisch. Aufgrund einer Notiz in Porphyrios' Werk über *Die Nymphengrotte* (6) nahm man als gegeben an, daß den Olympischen Gottheiten Tempel und hohe, blockhafte Altäre für Speiseopfer dienten, den Chthonischen Gottheiten und Heroen (s. Kapitel 3, 1) hingegen nur niedrige, kreisförmige Altäre für Brandopfer. Doch hat die moderne Archäologie gezeigt, daß diese Unterscheidung zumindest für die klassische Zeit keine Allgemeingültigkeit beanspruchen kann. Chthonische Götter wie Zeus Meilichios konnten vielmehr sowohl einen hohen als auch einen niedrigen Altar haben.[61]

Neuerdings haben Jean-Pierre Vernant und seine Schule betont, daß das Pantheon ein System ist, bei dem insbesondere die Strukturen, nicht so sehr die einzelnen Gottheiten untersucht werden sollten: Welche Götter bilden Paare, welche sind einander entgegengesetzt? Wie genau verläuft ihre Interaktion? Welche Logik regiert ihr Sein? Außerdem sollten wir versuchen, nach den – oft verborgenen – Hierarchien innerhalb des Pantheons zu suchen. Hier haben sich nun durch die Untersuchung von Götterdarstellungen neue Möglichkeiten eröffnet. Ein gutes Beispiel bietet etwa eine schwarzfigurige Vase des Sophilos (um 580 v. Chr.) mit der Hochzeits-Prozession von Thetis und Peleus auf dem Weg zum Haus des Bräutigams: Wir sehen – die Namen der Teilnehmenden sind dabei den Beischriften zu entnehmen – Hestia und Demeter, Chariklo und Leto, Dionysos, Hebe, Cheiron, Themis und drei Nymphen; Hera und Zeus auf einem Wagen, gefolgt von drei Frauen (die Beischrift ist verloren); Amphitrite und Poseidon auf einem Wagen, gefolgt von drei Chariten; Aphrodite und Ares auf einem Wagen, dem fünf Musen folgen; Apollon und Hermes auf einem Wagen, gefolgt von drei Musen; Athene und Artemis auf einem Wagen, gefolgt von drei Moirai, Okeanos und zwei Eileithyiai (s. Kapitel 3,2). Die Prozession wird von dem auf einem Esel reitenden Hephaistos abgeschlossen (natürlich war bei diesem festlichen Ereignis kein Platz für den Unterweltsgott Hades). Insgesamt zeigt sich nicht nur die Paarung bestimmter Götter, sondern auch eine klare Hierarchie: Einige Götter fahren ja auf Wagen, andere gehen zu Fuß.[62]

Im folgenden wollen wir unter Berücksichtigung der eben genannten neuen Fragestellungen die bedeutendsten Götter besprechen, dann die Strukturen und Hierarchien innerhalb des griechischen Pantheons analysieren und schließlich fragen, ob die griechischen Götter Personen oder aber Mächte waren – oder vielleicht beides.

3. Götter der Ordnung und Götter des Chaos

Die Haupt-Gottheit des griechischen Pantheons war Zeus, dessen Entwicklung von einem Wettergott, der auf Berggipfeln verehrt wurde, zur obersten Gottheit unter Einflüssen aus Anatolien stattfand; von dort stammen auch die Nachfolgemythen, die sich auf seinen Aufstieg zur Macht beziehen. Doch erreichte Zeus in Griechenland nie die gleiche Position wie Jupiter Capitolinus in Rom: Seine Feste waren kaum wichtig, und nur wenige Städte nannten Monate nach ihm. Statt dessen wurde er der Schutzherr der sozialen und moralischen Ordnung.[63] Zeus' erste Gattin war Dione, deren Namen in den Linear-B-Täfelchen bezeugt ist, die aber nur im entlegenen Dodona und weit entfernten Pamphylien ›überlebte‹; schon in Mykenischer Zeit wurde sie durch Hera ersetzt, deren Name wahrscheinlich ›Herrin‹ bedeutet. Hera war die Göttin, welche ›die Schlüssel der Ehe hält‹ (Aristophanes, *Thesmophoriazusen* 973), und in dieser Funktion war ihr Kult tatsächlich panhellenisch, wenn auch nicht prominent. Auf Samos bekam sie Votivgaben in Form von Schiffen, und es ist typisch für die Formbarkeit des griechischen Polytheismus, daß die Wichtigkeit des Meers für Samos diesen örtlichen Aspekt zu ihrem Kult hinzufügen konnte.[64]

Wenn Zeus auch der ›Chef‹ des Pantheons war, so hatten doch Athene und Apollon die größte Zahl von Hauptheiligtümern in den Städten (s. Kapitel 3, 2). Athenes Tempel ist auf vielen Akropolen in der ganzen griechischen Welt bezeugt; ihr Bild, das sogenannte Palladion, fungierte als ein Stadt-Talisman, und häufig erhielt sie den Beinamen Polias oder Poliouchos, ›Stadt(göttin)‹ oder ›Stadtbeschützerin‹. Als eine Stadtgöttin beschützte sie auch die junge Generation. In Athen etwa wurden während ihres Festes und den Apatouria für Zeus Jugendliche in die sogenannten Phratrien aufgenommen, nach denen das Gemeinwesen organisiert war; entsprechend beendeten während der Arrhephoria junge Mädchen, die sogenannten Arrhephoroi, ihre Teilnahme am Weben des neuen Peplos-Gewandes für die Panathenäen (s. Kapitel 4, 2) mit einem geheimen Ritual, das sie mit der Sexualität konfrontierte und insofern eine Vorbereitung für ihr Erwachsenenleben darstellte (s. Kapitel 6, 1). Obwohl diese Initiations-Funktion andernorts nicht völlig fehlt, war sie in Athenes eigener Stadt besonders prominent: ein weiteres Zeugnis für die Formbarkeit des griechischen Polytheismus.[65]

Athenes Schutzfunktion spiegelte sich in ihrer bewaffneten Erscheinung, die wohl von den beliebten bewaffneten Gottheiten des Orients beeinflußt war.[66] Im Krieg fungierte Athene insbesondere als Beraterin der Krieger, was etwa ihre enge Beziehung zu Achilleus und Odysseus in Homers *Odyssee* belegt. Sie wies dabei die gleiche Klugheit auf wie in ihrer Eigenschaft als Athene Ergane, als Schirmherrin des Spinnens und Webens, also zweier Hauptaufgaben griechischer Frauen. Viele Athene-Heiligtümer enthalten Weihegaben von Spinnwirteln und Webgewichten. Doch verband Athenes Intelligenz sie nicht nur mit Frauenarbeiten, sondern auch mit Handwerkern (und daher mit Hephaistos), mit den Zimmerleuten beim Bau des Schiffes Argo und des Trojanischen Pferdes und mit den Reitern durch ihre Beherrschung der Pferde. In all diesen Fällen vertritt Athene Kultur und Klugheit gegen Natur und rohe Gewalt.[67]

Apollon, der andere Stadtgott von zentraler Bedeutung, leitet (s. S. 24) seinen Namen wohl von den alljährlichen Versammlungen der Dorer her, den sogenannten *apellai*, bei denen die Jugendlichen in die Gemeinde der Erwachsenen aufgenommen wurden. Folglich wurde er zwischen Jugend und Erwachsenenalter gestellt, und es ist dieser Aspekt des Apollon, der ihn zum Schutzherrn von Initiations-Riten, aber auch zum Zentrum politischer Institutionen der Stadt machte, besonders dann, wenn er mit den Beinamen Delphinlos oder Lykeios verehrt wurde. Aus dieser Funktion wird es auch verständlich, weshalb Apollon eng mit Musik und Tanz verbunden war, denn griechische Jugendliche mußten singen und tanzen können; zugleich erklärt sich, weshalb Apollon *der* Gott der griechischen Kolonisation war: die Position der Siedlergruppen ähnelte ja oft der des Initianden außerhalb des Kulturlands. Die Aufnahme der Jugendlichen, Epheben genannt, bedeutete zugleich auch einen Neubeginn für die Gesellschaft. Apollon verkörpert diesen Aspekt der Erneuerung dadurch, daß er eng mit der Reinigung verbunden wird, die häufig das Neue vom Alten trennt, Kultur von Natur und Rein von Unrein. Dieser ›reinigende‹ Aspekt erklärt vielleicht auch seine ›vorhersehende‹ Funktion als Gott der Seher und als ›Eigner‹ des Orakels von Delphi. So nämlich, wie er das Reine vom Unreinen schied, trennte er auch das Sichere vom Unsicheren in Gegenwart, Vergangenheit und Zukunft – auch wenn seine Äußerungen jedenfalls für Menschen oft undurchsichtig blieben.[68]

Apollons Schwester Artemis geht auf ein Zeitalter zurück, in dem die Jagd noch von größter Wichtigkeit war, was ihr Titel ›Herrin der Tiere‹ (Homer, *Ilias* 21, 470) und die entsprechende Ikonographie belegen. Erkenntnisse aus der Völkerkunde zeigen, daß solche Herrinnen oder Herren der Tiere oft Initiations-Gottheiten sind, und dies mag erklären, warum Artemis die Schirmherrin für den Übergang der Mädchen zum Frauenleben war, ja in einigen Städten sogar für die Initiation der Knaben. Diese Rolle spiegelte sich im Mythos, der oft Artemis und ihre Nymphen vorstellt, wie sie in der Wildnis jagen. Ein solcher Aufenthalt außerhalb des Kulturlandes am Rande der Zivilisation – Ulrich von Wilamowitz-Moellendorff (1848-1931), der wohl bedeutendste neuzeitliche Kenner griechischer Kultur,[69] hat sie trefflich als ›Göttin des Draußen‹ bezeichnet – erklärt auch andere Aspekte: Artemis vertritt das Eindringen der Unordnung in Feiern der Umkehr (s. Kapitel 4, 3) oder kennzeichnet die Grenzen der Normalität durch Opfer vor und nach einer Schlacht.[70]

Wie Apollon spielte auch Artemis eine Rolle im öffentlichen Leben in ihren Manifestationen als Phosphoros, ›Licht-Botin‹ und Soteira, ›Erlöserin‹. ›Licht‹ bedeutet im Griechischen oft ›Leben‹ oder ›Erlösung‹, und viele Legenden bezogen sich auf die Intervention der Artemis in einer schwierigen Situation für die Gemeinde: Ein von dieser Göttin geschickter Lichtstrahl zeigte dem Thrasybulos und seinen Leuten den Weg bei ihrem erfolgreichen Versuch im Jahr 403 v. Chr., die Demokratie in Athen wiederherzustellen, und die Bewohner von Byzantion wurden vor Philipp II. und seinen tunnelgrabenden Kämpfern durch Feuerwolken gerettet, die Artemis Phosphoros geschickt hatte. Wie beim ›reinigenden‹ Apollon läßt sich dieser ›rettende‹ Aspekt der Artemis, durch den die Gemeinde vor dem Aussterben durch den Erhalt vorhandener oder auch Zuwachs neuer Mitglieder gerettet wurde, aus ihrer Initiations-Rolle verstehen.[71]

Während also insbesondere Zeus, Athene und Apollon im Zentrum der Polis standen, war die Position einiger anderer Götter weniger zentral. Poseidon wurde mit dem Meer, mit Erdbeben, Pferden und Männerbünden verbunden. Schon Homer stellt ihn dar, wie er in seinem Wagen über die Wellen fährt, während die Ungeheuer der Tiefe unter ihm spielen – ›sie kennen ihren Herrn‹ (*Ilias* 12, 28). Poseidon beherrscht auch die Gewalten der Erde: Seinem Zorn schrieb man Erdbeben zu, und in vielen Städten, besonders an der erdbebengewohnten Westküste der heutigen Türkei, verehrte man ihn als Asphaleios, ›den Unbeweglichen‹. Zusätzlich zur Beherrschung der Naturgewalten wurde der Gott vielfach mit Pferderennen und -zucht in Verbindung gebracht, was auch sein Beiname Hippios (›Pferde‹-Gott) illustriert. Schließlich war Poseidon der Urvater verschiedener Stämme (etwa der Boioter und Aioler), der Gott von Bündnissen zwischen Städten (etwa des panionischen Bundes) und der Schirmherr des Heranreifens der Knaben. Es ist daher nicht überraschend, daß Frauen der Zugang zu einigen Heiligtümern dieses ›Macho‹-Gottes untersagt war – kurz: Poseidon war der Gott des Chaos in der Natur und der rohen Gewalt bei Männern und Tieren.

Verschiedene Mythen beschreiben Poseidons Niederlage gegenüber anderen Göttern, insbesondere gegenüber Apollon und Athene, was von einem bekannten athenischen Mythos gut illustriert wird: Als Athene und Poseidon um die Vorherrschaft in Attika kämpften, brachte er ein Salzmeer hervor, von dem, wie man sagte, noch Spuren auf der Akropolis von Athen zu sehen waren; sie aber pflanzte den ersten Ölbaum – und in dem folgenden Streit setzte sich Athene durch. Was dieser Mythos sagen will, ist deutlich: Wenn auch Poseidons Macht unüberwindlich war, so gab es für ihn doch keinen Ort in der wohlgeordneten Gesellschaft des griechischen Stadtstaates.[72]

In vielen Orten wurde Poseidon eng mit Demeter verbunden. Die Natur dieser Verbindung liegt zwar im dunkeln, doch spricht sie dafür, daß Demeter als eine Göttin wahrgenommen wurde, deren Beziehung zur Ordnung der Gesellschaft problematisch war. Dieser Eindruck wird durch die Lage ihrer Heiligtümer außerhalb der Stadt bestätigt (s. Kapitel 3, 2), ebenso davon, daß ihr Lieblingsopfertier das für diesen Zweck ganz ungewöhnliche Schwein war (s. Kapitel 4, 2), und nicht zuletzt durch einen merkwürdigen arkadischen Mythos: Als Demeter in Gestalt einer Stute vor Poseidon zu fliehen versuchte, habe sich dieser in einen Hengst verwandelt – und so sei das erste Pferd entstanden (ein Mythos-Typ mit deutlichen indo-europäischen Parallelen).[73] Positiver berichtet der Homerische *Demeter-Hymnos* die bewegende Geschichte, daß Demeter ihre entführte Tochter Persephone suchte und bei ihrer Rückkehr die Eleusinischen Mysterien einführte (s. Kapitel 7, 1);[74] spätere Zeiten, die sich auf Demeters Verbindung mit der Fruchtbarkeit bezogen (s. Kapitel 6, 3), fügten das Geschenk der Landwirtschaft hinzu. Mancherorts wurde die Göttin sogar mit politischen Mächten verbunden, was etwa ihre

Verehrung durch die herrschende Familie Siziliens, die Deinomeniden, und durch die königliche Familie von Ephesos bezeugt.[75]

Jedoch ging im Lauf der Zeit die Bedeutung von Demeters politischer Rolle zurück; der positive Aspekt der Fruchtbarkeit wurde allmählich von einer anderen Seite der Göttin überschattet. Demeters Fest, das der Thesmophoria, war das große Frauenfest schlechthin, bei dem Männer vom Geschlechtsverkehr und manchmal zumindest symbolisch von der Macht ausgeschlossen wurden (s. Kapitel 6, 3). Sicherlich ist es dieser Aspekt der Göttin, nicht ihre landwirtschaftliche Funktion, wie Walter Burkert vorschlägt, die ihre ›exzentrische‹ Position in der von Männern beherrschten gesellschaftlichen und religiösen Ordnung ausmachte.[76]

Schließlich Dionysos, der in der Moderne am meisten diskutierte Gott. Man hat früher üblicherweise gemeint, daß er ein ›Nachzügler‹ unter den Göttern war, doch hat ein kürzlich gefundenes Linear-B-Täfelchen aus dem kretischen Chania seine Zugehörigkeit bereits zum mykenischen Pantheon definitiv belegt.[77] Moderne Forschungsansätze, besonders der von Jean-Pierre Vernant und seiner Schule, haben dem Dionysos als einem Masken-Gott viel Aufmerksamkeit gewidmet und ihn auch als das ›Andere‹ bezeichnet, das zugleich männlich und weiblich, jung und alt, nahe und fern sei.[78] Dies überzeugt kaum: Nirgends trägt Dionysos eine Maske, und die Polaritäten, auf die sich diese Ansicht stützt, sind weder sehr früh noch überhaupt immer überzeugend belegt: der ›verweichlichte‹ Dionysos ist wohl vielmehr vor dem Hintergrund der Initiation zu sehen, bei der Knaben zeitweise als Mädchen gekleidet wurden (s. Kapitel 4, 3).[79]

Auch methodisch schlägt dieser Ansatz die falsche Richtung ein: Man sollte vielmehr von den Festen des Gottes ausgehen. Diese stellen nämlich die ältesten Zeugnisse für seinen Handlungsbereich dar, und sie sprechen eine klare Sprache: Obwohl Dionysos' Feste voll von Frohsinn aller Art waren, wiesen sie auch Merkmale einer Aufhebung der Gesellschaftsordnung auf, etwa durch die Spaltung der Gesellschaft in ihre zwei Geschlechter-Hälften während der weitverbreiteten Agrionia, durch die Gleichheit von Sklaven und Freien während der Anthesteria (s. Kapitel 4, 3) oder durch die Bedeutung des Phallus während der Dionysia. Gelegentlich konnte sich dieser ›ordnungswidrige‹ Aspekt in unangenehmer Doppeldeutigkeit bemerkbar machen: Auf Chios etwa besetzten Ordnungskräfte die Straßen, die zur Agora führten, auf der vermutlich das Opfer für Dionysos während der Dionysia stattfand. Auch auf einigen Nachbarinseln war die ›gefährliche‹ Seite des Dionysos deut-

Abb. 3 Dionysos mit einem Trinkhorn und Satyr mit erigiertem Glied

lich,hier in einigen seiner Beinamen: Auf Chios selbst hieß er Omadios, der ›Rohe‹, auf Lesbos Omestes, der ›Rohfleisch-Esser‹ (s. Kapitel 6, 3), und auf Tenedos Anthroporrhaistes, der ›Menschen-Zerreißer‹. Der Mythos betonte diese negative Seite dadurch, daß er Dionysos aus einem barbarischen Land, Thrakien, kommen ließ (was er übrigens auch mit Ares tat, einem anderen problematischen Gott: s. Kapitel 4, 3).[80]

Ähnliche Doppeldeutigkeiten gerieten unter den Satyrn und Mänaden, seinen mythischen Anhängern, ins Blickfeld. Satyrspiele und Vasen zeigen uns häufig die glückliche Seite der dionysischen Welt durch die Satyrn: Possenreißerei, Trinken und sexuelle Aktivitäten aller Art (s. Abbildungen 3 und 4). Dabei waren zweifellos einige von letzteren, etwa das Onanieren oder der Geschlechtsverkehr mit Tieren, gesellschaftlich nicht annehmbar, auch wenn der Gott selbst gelegentlich mit dem Maulesel, einem für seine Geilheit bekannten Tier, in Verbindung gebracht wurde (s. Abbildung 5).[81] Auch zeigt die Tragödie die weiblichen Anhänger des Dionysos, die Mänaden, einerseits in heiterem Frieden ruhend, andererseits aber auch als in ihrer Ekstase zu den grausigsten Morden fähig (s. Kapitel 6, 3), was Euripides' *Bakchen* so deutlich machen; ja, Dionysos erhielt häufig den Beinamen Bakchos (oder eine

Abb. 4 Satyrn treten Trauben aus; ein Affe wartet unter dem Tisch

der Varianten dieses Wortes), also *den* griechischen Ausdruck für Ekstase und Wahnsinn.[82]

Auch Dionysos' göttliche Verbindungen legen diese Spannung zwischen Ordnung und ›Anti-Ordnung‹ an den Tag. Manchmal war er verständlicherweise mit Aphrodite verbunden: Auch im Altertum gehörten Wein und Liebe zusammen. Doch wurde er auch mit Artemis in Verbindung gebracht, und es paßt zu der von ihr repräsentierten Markierung der Grenzen von Normalität (s. o.), daß sie mehr als einmal die Wiederherstellung von Ordnung nach der von Dionysos herbeigeführten Unordnung überwachte, etwa als sie den

Abb. 5 Dionysos auf einem Maulesel, daneben der Panther des Gottes

Wahnsinn der Töchter des Proitos heilte (s. Kapitel 6, 2). Überraschender ist hingegen, daß Dionysos auch mit Apollon verbunden wurde – dies ganz eindeutig in Delphi, wo ersterer drei Monate lang im Winter ›herrschte‹, letzterer für den Rest des Jahres.[83] Doch faßt diese Beziehung Dionysos' Position in der griechischen Gesellschaft vielleicht am besten zusammen: Keine Gesellschaft kann ohne eine zeitweilige Lockerung der sozialen Ordnung leben, doch muß diese Ordnung eben wiederhergestellt werden.[84]

Hätten wir mehr Platz, würden wir auch Hermes (s.u.), Hades, Hephaistos, Aphrodite und Ares (s. Kapitel 4, 3) und Personifikationen wie Eirene (›Frieden‹) und Thanatos (›Tod‹) behandeln,[85] doch ermöglicht unsere Erörterung auch so einige Schlußfolgerungen. Erstens haben Jean-Pierre Vernant und seine Schule eindeutig recht, wenn sie die Aufmerksamkeit auf die Verbindungen zwischen den Göttern lenken. Es ist tatsächlich wichtig zu sehen, daß sowohl Athene als auch Poseidon mit Pferden verbunden werden, dies aber auf recht verschiedene Weise, daß Apollon und Athene immer den Poseidon besiegen, daß Apollon und Dionysos Gegensätze sind, die aber doch beide für die Gesellschaft notwendig sind. Andererseits ersetzen diese Verbindungen jedoch nicht eine Untersuchung der Handlungssphäre individueller Gottheiten. Athene oder Apollon sind nämlich mehr als die Summe ihrer Verbindungen: Das griechische Pantheon war eben nicht das Produkt eines alten Logikers.[86]

Zweitens sehen wir, wenn wir nun auf die o. (S. 27) g. Vase des Sophilos zurückkommen, daß hier gerade diejenigen Götter als auf Wagen fahrend dargestellt sind, die im Zentrum der Gesellschaftsordnung stehen: Zeus, Athene, Apollon und Artemis. Angesichts der zerstörerischen Auswirkungen männlicher Macht und Geschlechtlichkeit mag es überraschen, daß sie von Poseidon, Ares und Aphrodite begleitet werden, doch blieb männliche Gewalt für das Überleben der Polis ebenso notwendig wie sexuelles Vergnügen für ihr Weiterleben.[87] Auch machen die Lage von Poseidons Heiligtümern (s. Kapitel 3, 2) und die abweichende Natur der Opfertiere für Ares und Aphrodite (s. Kapitel 4, 2) deutlich, daß diese drei Gottheiten eher am Rande der Gesellschaftsordnung gesehen wurden. Umgekehrt sind die großen Götter, die auf dem Vasenbild zu Fuß gehen, Demeter und Dionysos, gerade jene, bei deren Festen die normale Gesellschaftsordnung vorläufig aufgehoben wurde, sei es durch die Vorherrschaft von Frauen oder durch die Bedeutung des Weines und des Phallus. Da diese beiden Gottheiten bei Homer (weitestgehend) fehlen und da beide die bedeutendsten griechischen Mysterien-Kulte (s. Kapitel 7, 1) haben,[88] muß man zu dem Schluß kommen, daß beide als ›Andere‹ und als Inhaber einer ›exzentrischen‹ Position im Pantheon angesehen wurden. Die Stellung von Göttern auf anderen attischen Vasenbildern bestätigt dieses Bild: Ein zentraler Ort kommt Zeus und Apollon zu, eine Randposition hingegen Ares, Hermes (dem Gott der Diebe, Kaufleute und Epheben, also gesellschaftlicher Randgruppen), Poseidon und Dionysos.[89] Offenbar war die Beziehung einer Gottheit zur Gesellschaftsordnung eine wichtige Erwägung für die Griechen beim (bewußten oder unbewußten) Bau ihres Pantheons.[90]

Doch können wir nicht ohne zwei wichtige Einschränkungen von einer griechischen Götterhierarchie sprechen. Das Bild, das wir skizziert haben, ist in wohl unvermeidlicher Weise zu statisch. Das Pantheon war keine feste Einheit, vielmehr konnte man sogar versuchen, die Position eines Gottes aufzuwerten: So gewannen Pan und die Nymphen im Verlauf der klassischen

Zeit stark an Bedeutung (s. Kapitel 7, 2), und im Jahr 340/39 v. Chr. proklamierte ein Delphischer Hymnos auf Dionysos, daß der Gott das ganze Jahr hindurch verehrt werden solle, also nicht nur während des Winters, wie dies üblich gewesen ist.[91]

Neue Möglichkeiten zur Einschätzung der Verschiebungen in der Beliebtheit von Göttern bietet das britische Forschungsprojekt eines Lexikons der griechischen Personennamen. Eine der Folgen des anthropomorphen Bilds der Götter bei Homer war nämlich die Entstehung theophorer Namen wie Athenodoros oder Apollodoros (»Gabe der Athene« bzw. »des Apollon«), die das Geschenk einer spezifischen Gottheit bezeichnen und erst *nach* Homer belegt sind. Das neue Lexikon befähigt uns jetzt, diese Namen auch in einer diachronen Weise zu betrachten. Zwar behandeln die bisher erschienenen Bände nur Teilregionen (der erste die griechischen Inseln, der zweite Attika), doch zeigt bereits dieser ›Ausschnitt‹ aus der antiken Wirklichkeit, daß mit Hermes gebildete Namen in der archaischen Zeit noch sehr beliebt waren, später jedoch nicht mehr, während – wie zu erwarten war – mit Ares und Hephaistos gebildete Namen sich nie großer Beliebtheit erfreuten.

Das Lexikon illustriert auch, daß bestimmte Götter in bestimmten Gebieten beliebter waren als andernorts. In der Tat hatte ja jede individuelle Stadt ihr eigenes Pantheon, in dem spezielle Götter prominenter sein konnten als in anderen Städten. Apollon war etwa in Delos besonders populär, Demeter in Sizilien; sie war natürlich auch die wichtigste Gottheit in Eleusis (s. Kapitel 7, 1), während auf Chios sich Dionysos einer besonderen Beliebtheit erfreute – angeblich war der erste Siedler auf der Insel sogar sein Sohn Oinopion.[92] Kurz – unser Bild ist grundsätzlich ein panhellenisches Modell, von dem wir nicht ohne weiteres auf einzelne Städte oder Zeiten extrapolieren sollten.

Drittens und letztens sei festgehalten, daß Walter Burkert die griechischen Götter als Personen betrachtet, während Jean-Pierre Vernant (und seine Schule) es vorzieht, sie als Mächte zu sehen.[93] Tatsächlich verkörperten griechische Götter in einem wichtigen Maße spezifische Mächte und Qualitäten. Dies wird eindeutig aus den Gegensätzen zwischen den Göttern deutlich: Wenn Poseidon und Aphrodite im Ritual gegenübergestellt sind (s. Kapitel 4), kann die Opposition ihrer jeweiligen Verkörperungen von der zwischen ›roher Gewalt‹ und ›Liebe‹ kaum getrennt werden. Und wenn Athene den Poseidon besiegt, hätte ein Grieche nicht übersehen, daß ›Klugheit‹ der ›rohen Gewalt‹ unterlegen ist. Die Unterscheidung, die wir zwischen Göttern der ›Ordnung‹ und

Göttern des ›Chaos‹ im griechischen Pantheon postuliert haben, wäre, wenn sie denn zutrifft, eine weitere Illustration dieser Seite der griechischen Götter. Außerdem hätte die zunehmende Allegorisierung und Euhemerisierung der griechischen Götter im Laufe des 5. Jahrhunderts v. Chr. ohne diese Qualität der Götter kaum erfolgen können.

Andererseits prägten Dichtung, Kunst und Kult den Griechen ununterbrochen die persönlichen Aspekte ihrer Götter ein. Es wäre deshalb falsch, zwischen den Ansichten Burkerts und Vernants als einander ausschließend auszuwählen. ›Macht‹ und ›Person‹ sind zwei Seiten der griechischen Götter, die zu verschiedenen Zeiten und in verschiedenen Kontexten jeweils verschieden stark ins Blickfeld treten konnten. Die Dichter betonten die persönlichen Seiten, während Philosophen anfingen, die ›Macht‹-Aspekte der Gottheiten zu fördern. Beide Möglichkeiten des Zugangs bestanden lange neben- und miteinander, und die Spannung zwischen beiden reflektiert eine wesentliche Qualität der griechischen Götter.

KAPITEL 3

HEILIGTÜMER

Unsere Vorstellungen von griechischen Heiligtümern sind weitgehend vom Glanz einiger erhaltener Tempel wie dem Parthenon von Athen oder dem Poseidon-Tempel von Sunion geprägt. Doch vermitteln diese ästhetisch anregenden, aber ruinösen und leeren Bauwerke kaum eine Einsicht in ihre einstigen Funktionen. So wollen wir im folgenden zunächst die Heiligtümer selbst (1), dann ihre Lokalisierung (2) und schließlich ihre weltlichen und religiösen Funktionen betrachten (3).[94]

1. Bauwerke, Statuen und Personal

In der Welt Homers, unserer ältesten literarischen Quelle, sind Heiligtümer mit Tempel, Kultbild und Priester(in) bereits fest etabliert. Hektors Mutter Hekabe ging zum Tempel der Athene auf die Akropolis, wo ihr die Priesterin Theano die Türen öffnete, Hekabes wertvolle Weihegabe – eine bestickte Robe – auf die Knie der Athene-Statue legte und ein Gebet sprach (Homer, *Ilias* 6, 285-311), und Zeus selbst begab sich zum kretischen Ida, der Stätte von ›seinem *temenos* und ... Altar‹ (ebd. 8, 48). Wie die Archäologie gezeigt hat, war diese Kombination eines *temenos* (also eines Landstücks, das für Götter oder Heroen reserviert war) mit einem Altar bereits im Dunklen Zeitalter aufgeschienen, doch sollte es bis ins 8. Jahrhundert v. Chr. dauern, daß die ersten Tempel aufkamen.[95] Diese späte ›Ankunft‹ des Tempels verhinderte offenbar die Ausbildung einer Standardform; so hatten etwa manche Tempel auch noch später kein Dach.[96] Typische Zeichen eines Heiligtums waren Wasser (für den rituellen Gebrauch), ein Baum oder Hain und ein Stein (um den Ort als besonders zu kennzeichnen);[97] doch allein der Altar war dabei unentbehrlich: Einige griechische Heiligtümer erhielten nie einen Tempel.[98]

Abb. 6 Vergoldete Bronzestatue des Apollon im Tempel, daneben ein Bild des Gottes mit seiner Leier

Eine Sitzstatue wie die der Athene in Troja war im archaischen Griechenland für Göttinnen üblich, während man für männliche Götter die mannhaftere Haltung des Stehens vorzog (Abbildung 6).[99] Andere Gottheiten konnten hingegen anikonische (bildlose) Statuen haben: Apollon Agyieus erscheint regelmäßig auf Münzbildern lediglich als eine konische Säule, und das bekannte Bild des Eros in Thespiai war nur ein roher Stein.[100] Da solche Statuen neben den ›normaleren‹ bildlichen bestanden,[101] hatten anikonische Bildnisse wohl öfter die Funktion, eine gewisse ›Abnormalität‹ des Kultes anzuzeigen. Tatsächlich waren fremdartige Statuen der Artemis und der Hera, aber auch des Dionysos regelmäßig mit Festen der ›Verkehrten Welt‹ verbunden (s. Kapitel 4, 3); manchmal wurden diese Statuen als so gefährlich angesehen, daß man sie fesselte und nur einmal im Jahr freiließ.[102]

In den Heiligtümern amtierten üblicherweise männliche Priester für Götter und Priesterinnen für Göttinnen, wenn gleich es – wie bei den Opfern (s. Kapitel 4, 2) – keine eiserne Regel gab: Athene hatte nicht selten einen männlichen Priester. Zu den Aufgaben der Priester gehörte die Durchführung der Opfer und die Überwachung der Schätze des Heiligtums. In größeren Heiligtümern übernahm spezielles Personal die niederen Arbeiten, etwa das

Verscheuchen von Vögeln, die sonst die Statuen beschmutzt hätten. In kleineren, ländlichen Heiligtümern waren Priester nicht immer anwesend, vielmehr konnten die Besucher hier selbst Opfer darbringen, wenn sie vergeblich nach einem Priester gerufen hatten.[103] Als Vermittler zwischen Göttern und Gläubigen waren die Priester durch ihr weißes oder purpurnes Gewand hervorgehoben, und auf Vasen werden Priesterinnen oft mit metallenen Schlüsseln dargestellt, von denen einige auch im Original bei Ausgrabungen ans Licht gekommen sind. Tatsächlich waren die Tempel den Gläubigen gewöhnlich verschlossen und wurden überhaupt nur an festen oder festlichen Tagen geöffnet: Es war der Altar, nicht der Tempel, der das wirkliche Zentrum eines Heiligtums ausmachte.[104]

Bemerkenswerterweise hatten manchmal sogar Jugendliche bei Initiationskulten eine priesterliche Funktion inne. Dies zeigt, wie verschieden griechische Priester von unseren sein konnten. Auch daß sie gelegentlich in der Gestalt ihrer Gottheiten erschienen, illustriert diesen Unterschied; auf attischen Vasen ist es manchmal schwierig, eine Priesterin der Athene von der Göttin selbst zu unterscheiden. War diese Identifikation vielleicht eine priesterliche Strategie zur Statuserhöhung, weil griechische Priester immer der Autorität des Volks unterworfen waren und sich nie zu einer Führungsschicht zu entwickeln vermochten, wie es in Indien oder im alten Israel gelang?[105]

Es gab im übrigen keine scharfe Unterscheidung zwischen Göttern und Heroen. Freilich war ein Heroen-Heiligtum *(heroon)* meist kleiner als das einer Gottheit, aber manche *heroa* waren groß genug, um etwa attischen Flüchtlingen im Peloponnesischen Krieg als Aufenthaltsort zu dienen (Thukydides 2, 17, 1). Auch Heroen hatten eine Statue und wurden regelmäßig in Rüstung porträtiert, da man von vielen glaubte, sie seien einst große Krieger gewesen. Mehrere Autoren, die aber alle erst nach dem 4. Jahrhundert v. Chr. schrieben, unterscheiden zwischen dem Altar für eine Gottheit *(bomos)* und dem für einen Heros *(eschara)*, wobei ersterer blockhaft, monumental und mit einer vorspringenden Stufe oder einer getreppten Basis umgeben war, während letzterer niedrig, hohl und kreisförmig war und direkt auf dem Boden stand. Wie bei der Unterscheidung zwischen Olympischen und Chthonischen Göttern (s. Kapitel 2, 2) war die Wirklichkeit vielfältiger – und tatsächlich hatten manche Heroen einen ›göttlichen‹ Altar.[106]

2. Orte

Größere Heiligtümer außerhalb der Stadtmauern oder an entfernten Orten spielten eine wichtige Rolle bei der Entwicklung des Panhellenentums, der politischen Bünde und der Entstehung der Polis. Delphi und Olympia nahmen im 9. und 8. Jahrhundert v. Chr. in besonders spektakulärer Weise an Bedeutung zu, weil sich hier die Aristokratien der umgebenden Orte treffen konnten und in Wettspielen, aber auch in demonstrativen Weihungen miteinander in Konkurrenz treten konnten, was den gesamtgriechischen Gedanken förderte. Andere Heiligtümer, die fern von bedeutenden Städten lagen, entwickelten sich zu Zentren politischer Bünde, so das Poseidonheiligtum im boiotischen Onchestos und das auf der Insel Kalaureia vor Troizen. Schließlich konnten Heiligtümer die Grenzen eines Stadt-Territoriums kennzeichnen, etwa das der Hera Lakinia und des Apollon Aleos im Süden bzw. Norden der süditalischen Stadt Kroton, oder sie konnten dazu dienen, die Bindungen mit den Grenzgebieten zu verstärken, was die Peisistratiden durch die Verbindung von Athen mit den entlegenen Heiligtümern von Brauron und Eleutherai versuchten. Kurz: Die Lage des Heiligtums trug dazu bei, seine soziale und politische Rolle zu bestimmen.[107]

Viel weniger Aufmerksamkeit ist auf die Frage gerichtet worden, *warum* einige Götterheiligtümer im Zentrum der Polis lagen, andere hingegen nicht.[108] Wenn ein wichtiges Heiligtum für das religiöse Leben der Gemeinde nicht in deren Herzen lag oder aber in einer solchen Entfernung, daß die Bürger für einen Besuch bewußt ihre gewohnte Umgebung verlassen mußten, dürfen wir erwarten, daß jene Kulte in gewisser Weise im Gegensatz zu solchen standen, die einen zentraleren Ort innehatten. Da Kulte den Charakter der Götter mitbestimmen (s. Kapitel 2, 1), könnte ein außerhalb der Stadt gelegener Kultort auf eine ›exzentrische‹ oder jedenfalls weniger zentrale Gottheit hinweisen.[109] Ist diese Annahme berechtigt?

Im Herzen der Stadt finden wir natürlich Zeus und Athene, die als Polis-Götter par excellence Heiligtümer auf der Agora bzw. auf der Akropolis innehatten, wenn auch Zeus' Ursprung als Wettergott durch seine Heiligtümer auf Berggipfeln sichtbar blieb.[110] Apollon und Demeter waren weniger eindeutige Fälle. Apollons Heiligtum lag oft auf der Agora, so in Argos auf der Peloponnes, Dreros auf Kreta und Olbia auf der Krim, doch wurde er – insbesondere mit dem Beinamen Delphinios – auch außerhalb des Zentrums an der Meeresküste oder aber auch in ›Vororten‹ wie im Lykeion von Athen verehrt. In diesen unterschiedlichen Orten spiegelt sich wahrscheinlich seine eigene ambivalente Position zwischen Jugend- und Erwachsenenalter (s. Kapitel 2, 3).[111]

Wenn Demeter-Heiligtümer innerhalb der Stadt lagen, dann fast immer abseits bewohnter Gebiete und nicht an der Agora, so in Korinth und Priene. In der Regel lagen sie vor oder etwas außerhalb von der Stadt, oft auf dem Abhang eines Hügels, was eine landwirtschaftliche Interpretation ausschließt, dafür aber zur ›exzentrischen‹ Position der Göttin paßt (s. Kapitel 2, 3).[112]

Heiligtümer der Geburtsgöttin Eileithyia schließlich konnten sich neben dem Stadttor finden, und dies wohl nicht wegen ihrer Schutzherrschaft über die zukünftigen Soldaten, sondern weil es im Herzen der Stadt keinen Ort für eine Göttin gab, die so eng mit Verunreinigung verbunden war (s. Kapitel 1, 2).[113]

Außerhalb der Polis finden wir gewöhnlich Heiligtümer von Poseidon,[114] Dionysos,[115] Hera und Artemis. In Argos, Kroton, Poseidonia (Paestum) und Samos lag das jeweilige Heraion zwischen 6 und 10 km vom Stadtzentrum entfernt, auf Paros gar in einem bergigen Gebiet. Heras Heiligtümer waren mit Initiation und Festen der ›Verkehrten Welt‹ verbunden; außerdem wurden die Rituale oft von Frauen ausgeführt, aber von Männern beendet. Offenbar hat dabei also das Homerische Bild der streitsüchtigen Gattin des Zeus einen viel älteren und interessanteren Kult überlagert.[116] Auch Artemis-Heiligtümer konnten sich in bergigen Regionen befinden, ihr charakteristisches Merkmal aber war die Nähe von Flüssen, Seen und Sümpfen, wovon auch ihr Beiname Limnatis, ›(Göttin) der Sümpfe‹ zeugt. Diese ›wäßrige‹ Umgebung war typisch für Artemis; bereits in der Antike hielt ein Redner des 2. Jahrhunderts n. Chr., Maximos von Tyros, fest, daß ›Wasserbrunnen, Dickichte und blumenreiche Wiesen der Artemis heilig‹ seien (8, 1). Griechenland war eben ein trockenes Land, und die Gebiete, die mit Artemis verbunden wurden, sind wohl durch ihre feuchte, üppige Pflanzenpracht hervorgehoben gewesen. Als Orte ewigen Frühlings paßten sie besonders für Mädchen in der vollen Blüte ihrer Jugend – eine auffallende Bestätigung von Artemis' Initiations-Funktion.[117]

Heiligtümer für Heroen scheinen keine grundsätzlich andere Lage eingenommen zu haben als die für Götter. Sie konnten auf markanten Hügeln mitten in den Bergen liegen, wie etwa das *temenos* des Telephos auf dem arkadischen Berg Parthenion, oder aber in der Nähe von Quellen, wie der Ort in Attika, an dem Makaria verehrt wurde. Männliche (nicht weibliche) Heroen, die eine Stadt gegründet hatten, wurden oft auf der Agora begraben und somit eindeutig mit dem Leben der Polis verbunden;[118] in einigen Städten, etwa in Athen und Theben, gab es sogar ein geheimes Heroen-Grab, von dem die Sicherheit der Stadt abhing.[119] Andere Heroen wurden neben den Stadttoren verehrt, und zwar nicht so sehr deshalb, weil sich in den Toren die Randstellung des Heros widerspiegelte, als vielmehr, weil hier die verwundbarsten Teile der Stadt waren, die der Unterstützung durch übernatürliche Wesen bedurften: Auch Apollon wurde oft als Verteidiger der Tore angerufen.[120]

Unsere Analysen der Lage von Heiligtümern haben also unsere Überlegungen zu den Göttern und Heroen bestätigt: Diejenigen von ihnen, die am meisten mit der politischen und gesellschaftlichen Ordnung verbunden waren, hatten auch in den griechischen Poleis zentrale Orte inne. Für ein vollständiges Bild griechischer Götter und Heroen darf die Lage ihrer Heiligtümer nicht vernachlässigt werden.

Schließlich fragt man sich, ob es religiös wichtig war, nahe an einem Heiligtum zu wohnen. Für die Griechen galten von allen guten Beziehungen zwischen Menschen die zwischen Nachbarn als die besten. Es würde deshalb kaum überraschen, wenn sie auch eine spezielle Beziehung zu den Göttern und Heroen entwickelten, deren Heiligtümer in ihrer Nachbarschaft oder gar direkt neben ihren Häusern lagen. In der Tat zeigen viele Beispiele in der antiken Literatur, daß ›ein Heros, dessen Heiligtum in der Nähe eines bewohnten Hauses lag, gleichsam ›gezähmt‹ sein konnte und regelmäßig Grüße und Opfer von seinen sterblichen Nachbarn erhielt; dafür erwartete man von ihm, daß er die Schicksale ›seiner‹ Familie günstig beeinflußte.‹ Tatsächlich befassen sich unsere literarischen Zeugnisse hauptsächlich mit Heroen, doch bedeutet dies nicht, daß die Nähe des Heiligtums einer Gottheit als unbedeutend erachtet wurde – im Gegenteil: Viele griechische Eltern gaben ihren Kindern Namen, die der Tatsache Ausdruck verliehen, daß ein Gott ihr Nachbar *(geiton)* war, und nannten sie etwa Athanogiton (Nachbar der Athene), Damatrogiton (Nachbar der Demeter), Diogeiton (Nachbar des Zeus), Pythogeiton (Nachbar des pythischen Apollon) oder einfach Theogeiton (Nachbar des Gottes). Man mag sich sogar fragen, ob diese Namen nicht ein Indiz für eine persönlichere Hinwendung an einen spezifischen Gott waren.[121]

3. Soziale und religiöse Funktion

Griechische Heiligtümer hatten weit mannigfaltigere Funktionen in der Gesellschaft als moderne Kirchen, was einige Beispiele für ihre soziale, ökonomische und politische Rolle illustrieren mögen.[122] Ausgrabungen und literarische Zeugnisse zeigen, daß viele Heiligtümer vorläufige und auch feste Gebäude beinhalteten, die für die Einnahme von Mahlzeiten benutzt wurden; in einigen Fallen, etwa in Korinth, hat man sogar die Kochtöpfe und Trinkgefäße gefunden. In den kleinen griechischen Häusern gab es nur wenig Möglichkeiten, Mahlzeiten für größere Gruppen auszurichten, und außerdem bot ein Heiligtum einen sicheren Ort für ein Treffen, da es göttliches Eigentum war.[123] Dieser Sicherheit bedienten sich oft auch Sklaven, Verbrecher und politisch Verfolgte, die sich als Schutzflehende in ein Heiligtum begaben.[124] Wie heutzutage konnte die Zahl solcher Leute beträchtlich sein: Herodot erwähnt den Aufenthalt von 300 Jungen in einem Heiligtum der Artemis auf Samos (3, 48). Es ist daher nicht überraschend, daß einige Heiligtümer große Landgebiete freihalten mußten, um solche ›Dauerpilger‹ zu beherbergen.[125]

Wie die mittelalterlichen Kirchen besaßen auch in der Antike bedeutendere Heiligtümer große Vermögen, um für ihre Instandhaltung und Personal aufkommen zu können, doch hatten diese Vermögen auch eine weitere ökonomische Funktion.[126] Das Land wurde verpachtet, und so hören wir etwa auf Delos von Bauernhöfen, Bäumen, Gerste und Weinbergen, die dem Heiligtum Pachteinnahmen einbrachten. Manches Heiligtum erließ dann auch ein heiliges Gesetz, das es Unbefugten untersagte, seine Wiesen abzuweiden oder seine Bäume zu beschneiden.[127] Und wie bei den mittelalterlichen Kirchen riefen solch reiche Vermögen auch eine gewisse Habgier hervor. Ja, Land konnte so wertvoll sein, daß etwa um das nicht einmal landwirtschaftlich genutzte Gebiet der Kirrhäischen Ebene unterhalb von Delphi immer wieder Kriege geführt wurden; vergleichbare Kriege fanden in Kreta sogar bis zum Ende des 2. Jahrhunderts v. Chr. statt.[128]

Manch ein Tempel fungierte überdies als eine Art Bank. In der Debatte vor der zweiten athenischen Expedition nach Sizilien läßt Thukydides den Nikias seine Hörer davor warnen, daß die Sizilianer nicht nur beträchtliche Privatmittel hätten, sondern auch großen Reichtum im Heiligtum von Selinus (6, 20, 4), wo (wie in anderen Tempeln) Gegenstände aus Edelmetall durch die Eintragung des Namens der jeweiligen Gottheit gesichert waren. Tatsächlich demonstrieren die Inventarlisten griechischer Heiligtümer, auf denen die Tempelbeamten jeweils am Ende ihrer Dienstzeit die Schätze und Weihegaben (s.u.) im Tempel aufzeichneten, deren beträchtlichen Reichtum.[129] Diese Listen zeigen auch, daß Städte und ihre Bewohner in Zeiten der Not von ihren Göttern, also eben von den Heiligtümern, Geld ausliehen, es aber nicht immer gleich zurückzahlten – die Götter waren nachsichtige Gläubiger.[130]

Zusätzlich zu ihrer ökonomischen Funktion spielten die Tempel auch eine Rolle im politischen Leben. Die ersten geschriebenen Gesetze in Griechenland wurden in Heiligtümern deponiert oder standen auf den besser sichtbaren Wänden der bedeutenden Tempel der jeweiligen Stadt; so konnte man etwa die bekannten Gesetze des kretischen Gortyn auf den Wänden des Heiligtums von Apollon Pythios lesen. Tatsächlich war es gewöhnlich ein Apollon-Heiligtum, an dem die Gesetze, Erlasse und Verträge einer Stadt zu stehen kamen; die Athener hingegen nutzten das Heiligtum der Mutter der Götter, das Metroon, als Archiv. Mindestens anfänglich muß die Wahl eines Tempels für die ›Veröffentlichung‹ und Erhaltung solcher Texte ihre Unverletzlichkeit und ihren verbindlichen Charakter gefördert haben. Wenn der ephesische Philosoph Herakleitos (um 500 v. Chr.) seine Arbeit im Tempel der Artemis niederlegte (Diogenes Laertios 9, 6), so muß seine Geste diese Tradition noch vorausgesetzt haben.[131]

Wozu dienten Heiligtümer? Einige von ihnen waren spezialisiert, etwa für Mysterien oder Heilkulte (s. Kapitel 7, 1 und 2) oder für Orakel. Jede Weissagung muß ein gewisses Maß an Objektivität bewahren, um glaubwürdig zu bleiben, und so lagen bedeutende Orakelheiligtümer in einiger Entfernung von den Territorien einflußreicher Städte. Schon Homer wußte vom Reichtum Delphis (*Ilias* 9, 404 f.) und vom weit abgelegenen Dodona mit ›den Helloi, deinen Deutern, mit ungewaschenen Füßen auf dem Boden schlafend‹ (16, 234 f.). Auch Olympia war ein Orakelheiligtum, bevor es die Olympischen Spiele auszurichten begann.[132] Manche Orakel lagen freilich näher an einer Stadt, etwa das des Amphiaraos von Oropos unweit von Athen, das des Trophonios nahe Theben, das von Didyma bei Milet und das von Klaros am Rande der Territorien von Notion und Kolophon.[133] Es gibt allerdings einen bestimmten Unterschied zwischen den entlegenen und den naheliegenden Orakelheiligtümern: Erstere gediehen besonders in der archaischen Zeit und wurden bei Fragen etwa der Kolonisation und der Landverteilung befragt, also in den großen Problemen der Zeit der Polis-Bildung; letztere wurden hingegen eher bei potentiellen Streitigkeiten zwischen den Bürgern konsultiert. Gemeinsam war beiden Gruppen, daß alte Orakel eher dazu beitrugen, eine Wahl zwischen mehreren Entscheidungsmöglichkeiten zu treffen oder bereits getroffene kollektive Entscheidungen gutzuheißen als die Zukunftvorherzusagen: Die Kristallkugel ist eine junge Erfindung.[134]

Der Hauptzweck der meisten Heiligtümer war indes, ihren Besuchern die Darbringung von Opfern (s. Kapitel 4, 2) und die Weihung von Votivgaben zu ermöglichen. Jedesmal, wenn die Griechen den Göttern danken und/oder sich ihrer Gunst versichern wollten, konnten sie eine Votivgabe weihen, die eher ein dauerhaftes Zeugnis für ihr Tun denn ein Opfer darstellte. Zwar sind die besonders armen (etwa bemalte Holztafeln) und die besonders reichen Gaben (etwa Gold- und Silberteller) verschwunden, doch sind viele Inschriften und Votivgaben erhalten und erlauben uns einen einzigartigen Blick auf die griechische religiöse Praxis. Durch sie sehen wir, wer an die Götter dachte und weshalb, aber auch wo man welche Gaben für geeignet hielt.[135]

Da man sehr billiges Material benutzen konnte, war es allen Schichten der griechischen Gesellschaft möglich, Votivgaben zu weihen, Männern, Frauen und ganzen Familien – die Götter waren eben höchst gastlich. Manchmal weihten auch Ausländer den griechischen Göttern Gaben: Herodot (1, 50-2 und 90) und auch Inschriften erwähnen manch kostbare Weihung des lydischen Königs Kroisos (Krösus) – und dieser war mitnichten der einzige Nichtgrieche: Besonders in der archaischen Zeit bereicherten viele Händler (s.u.), speziell Phönizier und auch gelegentlich Etrusker, die griechischen Heiligtümer.[136]

Das ›Warum‹ der Gaben wird manchmal vom ›Was‹ erklärt. Nach einem Sieg etwa konnte ein Teil der Kriegsbeute geweiht werden. Da hierbei eine Geschichte zu erzählen war, trugen lokale Heiligtümer, die insofern als eine Art Museum dienten, dazu bei, kollektive Erinnerungen lebendig zu halten.[137] Ein Mädchen konnte am Vorabend ihrer Hochzeit der Artemis ihr Spielzeug weihen, ein Junge anläßlich seiner Initiation sein Standbild (einen sogenannten *Kouros*) dem Apollon geben, auch wenn dieses manchmal recht klein ausfiel (Abbildung 7).[138] Heilgötter bekamen Ebenbilder der Glieder, die sie geheilt hatten, und so waren ihre Helligtümer mit Armen und Beinen, Vulvae und Penissen gefüllt.[139] In anderen Fällen widmete man den Gottheiten in ihren jeweils spezifischen Heiligtümern Figurinen sowohl der Gottheit selbst als auch solche von anderen Göttern – auch insofern waren die Götter höchst gastlich.[140] Schließlich gab es kostspielige Geschenke wie die des Kroisos, deren Zweck eindeutig nicht nur darin bestand, die Götter zu erfreuen,

Abb. 7 Ein Kouros konnte auch klein sein; dieser ist nur 28 cm hoch

sondern auch, die Menschen zu beeindrucken – was auch auf die Gabe goldener Standbilder durch sizilische Tyrannen zu Beginn des 5. Jahrhunderts v. Chr. zutrifft.[141]

Die Menschen weihten den Göttern freilich auch ungewöhnliche Gaben. Im Heraion von Samos etwa haben Archäologen die Zähne eines Nilpferdes, das Geweih einer Antilope und die Eier eines Straußenvogels gefunden. Im gleichen Heiligtum liefen sogar lebendige Kuriositäten umher, nämlich Pfauen.[142] So müssen manche bedeutenden Heiligtümer wie ein großes ›Kuriositätenkabinett‹ gewirkt haben. Und wie stand es mit den Innenräumen der Tempel? Ein Inventar des athenischen Asklepios-Tempels beschreibt in aller Ausführlichkeit, wo sich die Weihegaben befanden: Eine Goldkrone, ein eiserner Fingerring und Goldketten hingen ›am Firstbalken‹ und das Bild eines Frauenantlitzes sowie 10 Silberreliefs ›links, wenn man eintritt, am ersten Sparren‹ (IG 112 1534 A). Das Inventar gestattet es uns daher, eine Vorstellung vom ganzen Tempelinneren zu entwickeln,[143] das ›nicht den nackten Räumen unserer Rekonstruktionszeichnungen geähnelt haben wird, sondern dem völligen Durcheinander eines überfüllten Antiquitätenladens oder Museumsdepots.‹[144]

Schließlich haben auch die Weihungen eine Geschichte. Im Laufe der archaischen Zeit kam es zu einigen markanten Veränderungen in den bedeutenden griechischen Heiligtümern. Ein gutes Beispiel ist die Weihung von Bronzegaben in Olympia. Während nur 49 Funde aus der Zeit von etwa 1050 bis 750 v. Chr. gemacht worden sind, gibt es 948 aus den nächsten drei Jahrhunderten bis etwa 450 v. Chr., dann aber wieder nur 77 aus den folgenden drei Jahrhunderten bis 150 v. Chr. Diese Veränderungen, die bei anderen Gegenständen wie etwa Hoplitenfiguren und Helmen ihre Parallelen haben, sind nicht leicht zu erklären. Sie spiegeln wohl den sich wandelnden Status der Aristokratie am Ende der archaischen Zeit wider, doch mögen auch andere Faktoren eine Rolle gespielt haben. Daß uns hierzu informative Texte aus der Antike fehlen, verhindert eine klarere Deutung.[145]

KAPITEL 4

RITUAL

Das Ritual sieht Walter Burkert in seinem Handbuch als Grundstein griechischer Religion an und beginnt dementsprechend seine eigentliche Analyse mit einem Kapitel über ›Ritual und Heiligtum‹.[146] Während er den Ausdruck ›Ritual‹ als keiner Erklärung bedürftig benutzt,[147] werden wir mit einigen einführenden Beobachtungen über den Gebrauch dieses Begriffs und über die Möglichkeiten der Untersuchung antiker Rituale beginnen (1). Anschließend analysieren wir wichtige rituelle Akte wie Gebet, Prozession und insbesondere Opfer (2). Wir beenden das Kapitel mit einer Diskussion verschiedener größerer ritueller Komplexe (3).

1. Was ist Ritual?

Angesichts der Bedeutung, die dem Ritual in modernen Studien griechischer Religion zugewiesen wird,[148] überrascht es zunächst, daß die Griechen selbst gar keine allumfassende Kategorie des ›Rituals‹ besaßen.[149] Sie gingen rituelle Akte und Prozesse vielmehr aus mindestens drei verschiedenen Richtungen an. Erstens nannten sie viele ihrer rituellen Aktivitäten *ta nomizomena*, ›was gebräuchlich ist‹ (s. Kapitel 1, 3); auch moderne Untersuchungen des Rituals betonen, wie wichtig es war, daß Rituale traditionell wirkten, auch wenn es sich im Einzelfall um neue Einrichtungen oder Innovationen handelte.[150] Zweitens nannten die Griechen Rituale oft nach ihrem zentralen, auffälligsten Akt: die mehrtägige athenische Feier der Anthesteria hieß oft nur *Choes* nach ihrem markantesten Tag (s. 3), und eine besondere Opferart, auf die kein Bankett folgte, hieß nach ihrem bemerkenswertesten Akt, dem ›Durchtrennen der Kehle‹ des Opfertiers, *sphagia* (›Schlachtung‹).[151] Drittens wurden viele ausführliche Rituale *heortai* genannt, ein Begriff, der mit gutem Essen, guter Gesellschaft und guter Unterhaltung verbunden war.[152] Die *heorte* war eine wichtige Weise, die Götter zu feiern, und unterbrach auf angenehme Art die Routine des Alltags, wie dies der Philosoph Demokrit anmerkte: ›Ein Leben ohne *heortai* ist wie eine Straße ohne Gasthöfe‹ (B 230).[153]

Diese Zersplitterung der Begrifflichkeit für das, was heute ›Ritual‹ heißt, ist dabei kein rein griechisches Phänomen. In der Tat nutzen Anthropologen und Religionshistoriker erst seit der letzten Jahrhundertwende ›Ritual‹ als Standardausdruck für ein sich wiederholendes, symbolisches Verhalten, das oft erst dechiffriert werden muß.[154] Mit anderen Worten hat man durch die Einführung einer neuen Klassifizierung, die auf nur einem Aspekt – dem vorgeschriebenen und sich wiederholenden Charakter – einer ganzen Fülle von heterogenen Phänomenen beruhte, sowohl Einzelriten wie das Gebet (s. 2) als auch ausgedehnte Rituale wie die Initiation (s. 3) auf einen gemeinsamen Nenner reduziert. Wir wollen nun zwar auch der modernen Kategorisierung folgen, doch stets bedenken, daß unser Begriff ›Ritual‹ keine antike Kategorie ist.

Es ist nicht leicht, antike Rituale zu analysieren, da unsere Zeugnisse gewöhnlich aus unterschiedlichen Perioden, Orten und Gattungen stammen. Außerdem befähigt uns die Natur der Quellen selten, die Meinungen der Teilnehmer selbst zu berücksichtigen oder ein Ritual in all seinen Details zu beschreiben; die antiken Autoren konzentrierten sich nämlich auf das Ungewöhnliche und betrachteten das Übliche als so wohlbekannt, daß es keiner Erwähnung bedürfe. Eine unausweichliche Folge davon ist, daß sich unsere Beschreibungen meist auf die Struktur der Rituale beschränken müssen, aber ihre psychologischen Wirkungen auf die Beteiligten kaum erfassen können.

2. Gebet, Prozession und Opfer

Die größeren griechischen Feste bestanden aus einer begrenzten Zahl von rituellen Grundformen: Zu nennen sind Tänze,[155] musikalische und sportliche Wettkämpfe,[156] Gebete und Hymnen, Prozessionen und – als wichtigste – Tieropfer. Gebete folgten gewöhnlich der Struktur von Anrufung, Bitte um Erhörung und eigentliches Ersuchen, etwa im Gebet des Achilleus zu Zeus in Homers *Ilias* (16, 233-48). Auffallende Unterschiede zum christlichen Gebet

Abb. 8 Opferprozession

waren der Mangel eines Gefühls der Dankbarkeit (statt dessen boten die Griechen Ausdrücke von Lob und Ehre), die Haltung der Betenden (die Griechen knieten nicht nieder, sondern beteten mit erhobenen Händen), die Lautstärke (stilles Gebet wurde erst in der Spätantike üblicher) und das regelmäßige Singen von Gebeten in der Form von Hymnen.[157] Letztere entwickelten sich manchmal zu einer speziellen Gattung für einen besonderen Gott: Wir kennen Paiane für Apollon und Dithyramben für Dionysos.[158]

Prozessionen waren ein integraler Bestandteil griechischen Lebens.[159] Die Opferprozession stellte den Wert des Opfers und die Frömmigkeit der Opfernden zur Schau (Abbildung 8), und die Hochzeitsprozession zeigte die offizielle Natur der Eheschließung an. Mehr als ein halbes Jahrtausend lang hielt eine jedes Jahr durchgeführte Prozession das Gedächtnis an die lebendig, die in der Schlacht von Plataiai 479 v. Chr. gefallen waren. Prozessionen mit einem Götterbild waren oft Teil von Festen der ›Verkehrten Welt‹ (s. 3), konnten aber auch die bestehende Ordnung betonen, so wenn einmal im Jahr milesische Aristokraten, die Molpoi, in einer Prozession nach Didyma zogen und an allen Heiligtümern entlang der Straße Paiane sangen. Prozessionen konnten sogar die Wiederherstellung der alten Ordnung symbolisieren; so vollzog Thrasybulos die Wiederherstellung der athenischen Demokratie im Jahr 403 v. Chr. mit einer Prozession vom Piräus zur Akropolis. Kurz: Die Funktionen von Prozessionen waren mannigfaltig.[160]

Prozessionen waren besonders geeignet, symbolische Aussagen über Machtverhältnisse zu machen, da sie oft ein großes Publikum anzogen. So mußten etwa während der Opferprozession bei den Panathenaia die Kolonien und Verbündeten von Athen je ein Rind und eine Panhoplie (Schwerbewaffneten-Rüstung) mit sich führen, während die Töchter der athenischen Metöken Sonnenschirme für die Bürgerinnen der Stadt und die erwachsenen Metöken das Opfergerät zu tragen hatten; zur Prozession bei den Großen Dionysia mußten die Kolonien einen Phallus beitragen.[161] Während diese Prozessionen also die Überlegenheit von Athen und seinen Bürgern demonstrierten, konnten andere Umzüge auch Bescheidenheit zur Schau stellen: Beim Fest der Hyakinthia in Sparta fuhren heranwachsende Mädchen in einer Prozession nach Amyklai und zeigten sich so der Gemeinde, nachdem sie wahrscheinlich eine Zeitlang in einem Initiations-Ritual von ihr getrennt im Grenzgebiet gelebt hatten; einige aristokratische Mädchen fuhren dabei in Pferderennwagen, andere in einfacheren Karren in der Form von Greifen oder Ziegenböcken. Die Tochter des spartanischen Königs Agesilaos etwa fuhr in einem Fahrzeug der letzteren Art, das – wie ausdrücklich hervorgehoben wurde – ›nicht prächtiger war als das jedes anderen Mädchens‹. Die spartanische Ideologie erhob eigentlich den Anspruch völliger Gleichheit, doch zeigt dieses Detail, daß die Hyakinthiaprozession sonst zumeist offenbarte, daß einige Spartaner eben ›gleicher‹ waren als andere.[162]

All diese Elemente waren wichtig, doch der Dreh- und Angelpunkt des griechischen Rituals war zweifellos das Tieropfer.[163] Sowohl Walter Burkert als auch Jean-Pierre Vernant und seine Schule haben der Bedeutung des Opfers und seinem Ort in der griechischen Gesellschaft viel Aufmerksamkeit gewidmet, sind aber zu ganz unterschiedlichen Schlüssen gekommen. Noch fehlen Studien, die sich auf lokale Praktiken konzentrieren,[164] aber insbesondere zwei Entwicklungen befähigen uns jetzt, diese Untersuchungen in einer befriedigenderen Weise zu bewerten, als dies noch vor einem Jahrzehnt möglich war. Erstens ist immer deutlicher geworden, wie wichtige Zeugnisse für Opferdarstellungen die Bildquellen bieten.[165] Zweitens haben Biologen angefangen, die Reste der bei Ausgrabungen von Altären freigelegten Fauna zu analysieren und uns so einen Blick auf die Realitäten griechischer Opferpraxis eröffnet.[166] Aus Platzgründen können wir freilich im folgenden keine vollständige Analyse des ›idealen‹ griechischen Tieropfers, des Opfers zu Beginn einer Schlacht, beim Übersetzen über einen Fluß und beim Abschluß eines Eids[167] sowie des Menschenopfers[168] bieten, sondern wollen uns hier auf zwei Fragen beschränken.

Zunächst wollen wir im Hinblick auf das Augenmerk, das wir bereits zuvor der Hierarchie innerhalb des griechischen Pantheons gewidmet haben (s. Kapitel 2, 3 und 3, 2), die Auswahl der jeweiligen Opfertiere betrachten. Bekamen alle Gottheiten die gleichen Tiere oder hatten die einen ›bessere‹ als die anderen? Zwar waren Rinder die am höchsten geschätzten Opfer, doch zog man für alle bedeutenden Götter Schafe und Ziegen als Opfertiere vor.[169] Die wichtigsten Ausnahmen von dieser Regel waren Hestia (die Göttin des [gemeindlichen] Herdes), die gewöhnlich vorab ein billiges Opfertier bekam, und Demeter, die traditionell ein Schwein oder Ferkel erhielt; auf attischen Vasen wird auch Dionysos regelmäßig mit einem Schweine-Opfer verbunden.[170] Die unreine Eileithyia (s. Kapitel 3, 2), der grausame Ares (s. 3) und die gespenstische Hekate bekamen Hunde, die liebliche Aphrodite Vögel, der lüsterne Priapos Fische.[171] Zwar haben Ausgrabungen auch im Heiligtum des Apollon in Didyma Hunde-Opfer ans Licht gebracht, doch zeigt sich hierin wahrscheinlich ein kleinasiatischer Einfluß: Die Lyder aßen gerne Hunde-Fleisch.[172] Die meisten Götter aber erhielten Rinder, Schafe und Ziegen, während man nicht eßbare oder sehr billige Tiere jenen Gottheiten anbot, die mit Unreinheit verbunden wurden und/oder am Rande der Gesellschaftsordnung standen. Die ›exzentrische‹ Position von Demeter und Dionysos, die wir schon bei unserer Erörterung der Götter (s. Kapitel 2, 3) und der Lage von Heiligtümern (s. Kapitel 3, 3) bemerkten, wird von der ›Exzentrizität‹ ihrer Opfer bestätigt, die Schweine, die man wegen ihres Grabens und Suhlens kaum in dichtbevölkerten Gebieten halten konnte.[173] Offenbar spiegelte die Auswahl der Opfertiere die göttliche ›Hackordnung‹, ja verstärkte sie sogar.

Während die Frage der Opfer-Hierarchie in jüngerer Zeit kaum Aufmerksamkeit gefunden hat, steht unsere zweite Frage im Herzen der aktuellen Debatte über das griechische Opfer: Was war die Bedeutung des Rituals, das die Tötung des Opfertiers umgab? Nach der Ansicht von Karl Meuli (1891-1968) war das griechische Opfer letztlich aus den Praktiken der Jagd abgeleitet; die Jäger nämlich suchten aus einem Gefühl der Schuld für die Tötung des Wildes regelmäßig die Verantwortung dafür abzustreifen;[174] Walter Burkert hat dieses Schuldbewußtsein zum Zentrum seiner Opfer-Theorie gemacht.[175] Sein Kronzeuge ist das athenische Fest der Dipolieia, bei dem ein Ochse geopfert wurde, weil er vom Opfer-Kuchen gefressen habe. Anschließend wurde das Opfer-Messer verurteilt und aus der Stadt ausgewiesen, der Ochse aber rituell wieder aufgerichtet und vor einen Pflug gespannt. In dem zugehörigen aitiologischen Mythos erleichterte der Schlächter des Ochsen sein Gewissen durch den Vorschlag, daß jeder an der Tötung des Opfertiers teilnehmen solle.[176] Walter Burkert faßt diese ›Komödie der Unschuld‹ als paradigmatisch für jedes Opfer auf: Menschen erfahren bei der tatsächlichen Tötung der Tiere Angst und haben wegen des von ihnen begangenen Blutvergießens Schuldbewußtsein.

Doch kann man Burkerts Beobachtungen nicht in ihrer Gesamtheil akzeptieren, da es bei den Griechen praktisch keine Zeugnisse für Angst und Schuld gibt. Vielmehr wird auf den attischen Vasenbildern stets das Opfer mit Vorstellungen von Festlichkeit, Feiern und Segen in Verbindung gebracht.[177] Das Ritual der Dipolieia ändert daran nichts, denn es hatte nur begrenzte Bekanntheit[178] und setzt zudem schon die entwickelten attischen Rechtsregeln voraus.[179] Die Hauptrolle spielte zudem ein Pflugochse, den zu töten in Athen einst als Verbrechen galt.[180] Karl Meuli betrachtete den auf den Pflug bezogenen Teil des Rituals als späte Hinzufügung, doch waren es gerade die lebenswichtige Funktion des Pflugochsen für die athenische Gesellschaft und seine Verbindung mit dem Bauerntum, durch welche die Tötung eines Pflugochsens zum Gegenstand eines ausführlichen Rituals wurden: Theophrast (Fragment 584A) hält ausdrücklich fest, daß das Ritual eingeführt wurde, um die Leute in die Lage zu versetzen, das Fleisch des Ochsen zu verspeisen.

Die Ausbreitung des athenischen Staates, die immer zahlreichere Ochsen zur Verpflegung der Menschen bei den Opfermählern anläßlich gemeindlicher Feste erforderlich machte – Isokrates (*Areopoagitikos* 29) erwähnt Opfer-Prozessionen mit dreihundert Ochsen! – löste die ursprüngliche Verbindung auf, die von den Bauern eines alten, kleineren Athens für ihren Pflugochsen empfunden worden sein mag. Es ist dann kein Wunder, daß schon Aristophanes in seiner Komödie *Die Wolken* die Bouphonia als eine altertümliche Angelegenheit betrachtet (984f.). Folglich sollten wir aus diesem besonderen Opferritual nicht auf eine generelle Sicht des Tötens im griechischen Opfer verallgemeinern.

Schließlich hat Jean-Pierre Vernant in ausdrücklichem Widerspruch zu Meuli und Burkert erstens bestritten, daß griechische Opfer-Riten mit Jagdritualen verglichen werden dürfen (vielmehr seien sie innerhalb ihres eigenen religiösen Systems, eben des griechischen, zu verstehen), und zweitens bezweifelt, daß die Tötung des Opfertiers das Gravitationszentrum des Opfers ausmachte;[181] freilich hält er explizit fest, daß alle Rituale, Mythen und Darstellungen mit größter Sorgfalt jeden Bezug auf die tatsächliche Tötung des Opfertiers vermeiden. Vernant benutzt sogar den Ausdruck *mensonge* (›Lüge‹), um dieses Verbergen einer anscheinend unangenehmen Wahrheit

Abb. 9 Opfernde Nike

zu bezeichnen.[182] Auf diese Weise wollten die Griechen Vernant zufolge die Elemente von Gewalt und Wildheit von ihrem Opfer ausschließen, um es so vom Mord zu unterscheiden.

Sicher hat Vernant recht, wenn er die allzu starke Betonung des Einflusses der Jagd-Traditionen bei Meuli und Burkert hinterfragt. Tatsächlich übersah Meuli den Einfluß von Syrien und Palästina auf das griechische Opferritual völlig,[183] und anders als Jäger (und auch anders als die Juden) zerbrachen die Griechen die Knochen des Tieres, um an das Mark zu kommen, was Ausgrabungen in Samos, Didyma und Kalapodi gezeigt haben.[184] Andererseits deutet die Differenzierung von Opfer und Mord an, daß man eine gewisse Beunruhigung über das Ritual empfand, was auch durch andere Anzeichen bestätigt wird. Im Mythos der Dipolieia ist der Schlächter des Ochsen ein Ausländer, und das Opfer-Messer bleibt solange wie möglich verborgen;[185] ja, die Griechen bedienten sich des Euphemismus ›Tun‹ für Opfern, und wenn man die Existenz gemischter Gefühle bei der Opfer-Tötung leugnet, wird man kaum erklären können, weshalb Orphiker, Pythagoräer und Empedokles den Tieropfern insgesamt eine Absage erteilten.[186] Die Tötung zum Zwecke des Opfers erzeugte also zwar nicht Furcht und Angst, aber doch sicherlich ein Gefühl von Unruhe.

Während schließlich die Griechen selbst sogar Götter beim Opfern darstellten (Abbildung 9), fühlen sich die Protagonisten der modernen Forschungsdebatte anscheinend bezüglich der religiösen Funktionen des Opfers unwohl und nähern sich dem Gegenstand in einer auffallend ›weltlichen‹ Weise. Für Meuli war das Opfer nichts anderes als ein rituelles Schlachten, für Burkert führt die gemeinsame Aggression gegen das Opfertier hauptsächlich zur Begründung einer Gemeinschaft, und für Vernant ist Opfer grundsätzlich eine Tötung zum Zweck der Nahrungsaufnahme.[187] Doch ist dieser Akt, der im Zentrum griechischen Rituals steht, zweifellos viel reicher als diese zu engen Formeln nahelegen. Wir brauchen daher noch mehr Untersuchungen über die religiöse, literarische,[188] soziale, ökonomische und kulturelle Bedeutung des Opfers, wobei diese Forschungen alle verfügbaren Arten von Zeugnissen werden berücksichtigen müssen.[189] Zukünftige Studien werden erst dann befriedigend sein, wenn sie auf literarischen, epigraphischen, ikonographischen und archäologischen Zeugnissen beruhen.[190]

3. Initiation und Feste

Bei den komplexeren Ritualen unterscheidet die moderne Anthropologie oft zwischen ›Schwellenriten‹ wie der Initiation und ›zyklischen Riten‹ wie dem Neujahrsfest. Wir wollen dieses Kapitel mit einer Diskussion beider Typen schließen und dabei ihrer Funktion, Symbolik und Logik besondere Aufmerksamkeit widmen. Wir fangen mit der Initiation an, die in den letzten Jahren zunehmend in das Zentrum des Interesses der Altertumswissenschaft geraten ist.[191] Dabei wollen wir uns statt der häufiger besprochenen Riten von Athen und Sparta[192] auf Kreta konzentrieren, über das uns Ephoros, ein Historiker des 4. Jahrhunderts v. Chr., einen recht genauen zeitgenössischen Bericht hinterlassen hat.[193] Wie für das ›Ritual‹ (s. 1) hatten die Griechen auch für die ›Initiation‹ keinen eigenen Begriff, doch wurde sie schon von den Minoern und frühen Indo-Europäern praktiziert;[194] die Spartaner nannten ihren Initiations-Prozeß *agoge* (›das Führen [eines Pferdes] an der Hand‹; s.

S. 58 zur *agela*), und auch andere Namen für Initiations-Feiern sind erhalten. Wir, die Außenstehenden, konstruieren ein Ganzes, während die Beteiligten sich mehr auf die verschiedenen Teile konzentrierten.[195]

Die politische Macht in Kreta lag in den Händen einer aristokratischen Elite, die sowohl die unfreien eingeborenen Kreter als auch die weniger privilegierten Freien beherrschte. Die Aristokraten waren in Clubs organisiert und speisten in ›Männerhäusern‹ *(andreia)*, wo kretische Knaben, sommers wie winters mit dem gleichen schmutzigen Kleidungsstück angetan, die Erwachsenen bedienten. Sie bekamen dafür nur etwas zu essen und zu trinken; ihre Hauptaktivität aber war der Kampf. Im Alter von 17 Jahren scharten diejenigen von ihnen, die ›am auffälligsten und auch am einflußreichsten‹ waren – sicher also die Söhne der Elite – so viele Knaben wie möglich in einer *agela*, ›Pferde-Herde‹ um sich; anscheinend sah man diese Knaben als widerspenstige Fohlen an, die gezähmt werden mußten.[196]

Diese ›Herden‹ wurden von den Vätern jener Jungen beaufsichtigt, die auch ihre wichtigsten Aktivitäten ausrichteten: ausdauerndes Laufen, Jagen, in Gruppen tanzen, auf steilen Straßen marschieren und in den *gymnasia* ›mit der Faust und mit Keulen‹ kämpfen, ›wie vom Gesetz vorgeschrieben‹ (Herakleides Lembos, Fragment 15). An bestimmten festgelegten Tagen kämpften die *agelai* gegeneinander, wobei sie ›zur Melodie von *aulos* (Flöte) und Leier im Rhythmus in die Schlacht marschierten, wie sie auch im wirklichen Krieg zu kämpfen pflegen‹. Zusätzlich zu diesen Aktivitäten mußten die Jungen auch Lesen und Schreiben und die ›von den Gesetzen vorgeschriebenen‹ Lieder lernen; diese bestanden aus Gesetzestexten, Götterhymnen und Lobliedern auf tapfere Männer, waren freilich von nicht sehr hoher Qualität, wie jedenfalls Platon meinte, der sie noch kannte (*Gesetze* 666d).

Das Endstadium der kretischen Erziehung begann mit dem zeremoniellen Abwerfen des schmutzigen Kleidungsstücks; ja, in verschiedenen kretischen Städten war der Fachausdruck für das Verlassen der *agela* das ›Ausziehen‹. Dieser Prozeß ist eindeutig als Initiations-Vorgang zu erkennen, da der aitiologische Mythos des Festes der *Ekdysia* (›Ausziehen‹) in Phaistos für die Göttin Leto, die ohnehin mit der Initiation verbunden ist (s. Kapitel 2, 3), folgendes angibt: Ein Mädchen, das als ein Junge aufgezogen worden war, hatte sich zum Zeitpunkt des Erwachsenwerdens tatsächlich in einen Jungen verwandelt. Genaue Details fehlen, doch legen die Bezeichnung ›die Nackten‹ und gar ›die ganz Nackten‹ für Jugendliche an der Schwelle zum Erwachsenwerden wie auch die Existenz einer ›Feier des Kleidungsstückes‹

(Periblemaia) im kretischen Lyttos folgenden Ablauf des Endstadiums der Initiation nahe: Ausziehen, Nacktheit, Anlegen des neuen Kleidungsstückes. Die Bedeutung, die dem Kleidungsstück während des ›Reifeprozesses‹ zukam, überrascht kaum, da Ephoros uns erzählt, daß die Elite sich durch besondere Gewänder hervorhob. Ganz offenbar galt der Übergang vom schmutzigen Kleidungsstück zu dem der Erwachsenen als so groß, daß er nicht in einem einzigen Schritt vollzogen werden konnte; vielmehr wurde er durch eine Reihe von Feiern erleichtert und dramatisiert.[197] Auch in Sparta, wo der Unterschied zwischen Jugendlichen und Erwachsenen sogar noch markanter war, wurde die Initiation mit einer Reihe von Feiern beendet, während es in Athen, wo der Unterschied viel weniger ausgeprägt war, in historischer Zeit kein Schlußfest mehr gab.

Zusätzlich zur Nacktheit wurde der Gegensatz zum künftigen Status auch auf eine andere Weise ausgedrückt. Ephoros erzählt uns, daß die aristokratischen Jungen kurz vor dem ›offiziellen‹ Erwachsensein für eine kurze homosexuelle Beziehung ›entführt‹ wurden; in der Tat war die Knabenliebe in mehr oder weniger formalisierter Weise in der griechischen Welt weit verbreitet. Da der Ideologie zufolge die Knaben in der Beziehung eine passive Rolle zu spielen hatten, betonte dieser Teil der Rituals ihre Un-Männlichkeit, bevor sie dann wirkliche Männer wurden.[198]

Die physische Seite der kretischen Initiation bereitete die Knaben also für ein Leben vor, in dem der Kampf von äußerster Wichtigkeit war; die Lieder trugen dazu bei, ihnen die entsprechende Ideologie einzutrichtern. Zur gleichen Zeit war der Initiations-Prozeß manipuliert worden, um die politische Situation Kretas wiederzugeben. Die prominente Position der Söhne der kretischen Elite und die Betonung des Kleidungsstücks prägte den Untergebenen die Herrschaft der Aristokraten ein, zugleich aber stützte die Einbeziehung der Untergebenen in die *agela* feudale Bindungen und damit das politische System.

Wenn Walter Burkert wiederholt die Kontinuität im Ritual hervorgehoben hat, so ist es doch ebenso wichtig, auch die innovativen Kräfte und die Flexibilität des Rituals zu registrieren. Dies zeigt sich darin, daß die Vermittlung der Fähigkeit des Lesens und Schreibens in den Initiations-Prozeß aufgenommen wurde, was nicht vor dem 5. Jahrhundert v. Chr. geschehen sein kann, und daß in Kreta so viel Wert auf das ausdauernde Laufen gelegt wurde – viel mehr als bei der athenischen und spartanischen Initiation: Kreta ist eben sehr bergig, und wenn hier ein Soldat nicht ausdauernd laufen konnte, hatte er im Ernstfall kaum Überlebenschancen. Ja, das Laufen galt hier offenbar als so wichtig, daß der kretische Ausdruck für Erwachsene *dromeus* (›Läufer‹) hieß. Selbst die Umwelt kann sich also in der Form eines besonderen Rituals niederschlagen.

Gegensätze spielten nicht nur in der Logik von Schwellenriten eine Rolle, wir finden sie vielmehr auch in zyklischen Ritualen, was ein Fest in Theben illustrieren mag. Xenophon erzählt uns in seinem der zeitgenössischen Geschichte gewidmeten Werk *Hellenika* (5, 4, 4-6), daß die Polemarchoi (Generale) von Theben am Ende ihrer Amtszeit ein Aphrodite-Fest zu feiern pflegten. Im Winter des Jahres 379 v. Chr., während des Krieges gegen Sparta, versprach man nun den spartafreundlichen Polemarchoi eine Nacht mit Wein, Weib und Gesang, doch erwiesen sich die verschleierten Frauen als verkleidete Verschwörer, die ihre Gegner umbrachten und die Stadt so von den Spartanern befreiten. Wie aber erklären wir diese Verbindung des Militärs mit der Göttin der Liebe?

Dieses Band ist weniger überraschend, als man auf den ersten Blick meinen könnte, da Aphrodite mit dem Kriegsgott Ares verbunden wurde, und zwar in der Literatur (man denke an die köstliche Geschichte ihrer Vereinigung bei Homer), in der Kunst (in der Ares als Helfer bei Aphrodites Geburt dargestellt ist) und im Kult (beide Gottheiten hatten gemeinsame Tempel und Altäre). Außerdem wurde Aphrodite vielfach mit zivilen wie militärischen Amtsinhabern verbunden; man glaubte, sie würde deren harmonische Zusammenarbeit fördern. Doch wurde die Göttin auch manchmal im Gegensatz zu Ares gesehen, so in dem Homerischen *Aphrodite-Hymnos,* in dem Athene sagt, daß sie kein Vergnügen ›an den Werken der goldenen Aphrodite hatte, sondern Kriege schätzte und das Tun des Ares‹ (9-10). Wie also gehen wir mit dem thebanischen Fall um?[199]

Die Antwort findet man auf Aigina, der Insel, für die Plutarch in seinen *Griechischen Fragen* (301 ef) das sonst unbekannte Ritual der ›einsamen Esser‹ belegt. Die Aigineten feierten ein Fest des Poseidon, indem sie sich selbst in ihren Häusern einschlossen und ihr Essen sechzehn Tage lang schweigend einnahmen, ohne daß dabei nicht zur Familie gehörende Leute oder auch Sklaven anwesend waren. Das Fest zeigt damit alle Anzeichen einer bewußten Störung der Gesellschaftsordnung: Üblicherweise waren griechische Gelage eine laute Angelegenheit und fanden in der Gesellschaft von Familienangehörigen und Freunden statt. Interessanterweise nun endete die Feier vor der Rückkehr zum normalen Leben mit den Aphrodisia, also einem

Aphrodite-Fest. Da Poseidon wie Ares ein ›Macho‹-Gott war (s. Kapitel 3, 3), kann man ihn in verschiedener Hinsicht mit jenem vergleichen. In beiden Fällen also, dem von Theben und dem von Aigina, wurde der Übergang von der Sphäre des Kriegs und der Männlichkeit zum Frieden rituell durch deren Gegensatz erleichtert, eben durch die Liebe. Zugleich dürfen wir annehmen, daß das Nebeneinander der zwei Feiern ihre kontrastierenden Inhalte besonders deutlich machte: Die Bedeutung der einzelnen Bestandteile eines komplexeren Rituals läßt sich nicht von ihrer Position innerhalb des Rituals trennen.

Wenden wir uns nun den größeren Festen zu, deren Analyse in den letzten Jahrzehnten weit fortgeschritten ist: Hervorragende Beispiele für diese Forschungen sind die Bücher *Homo Necans* von Walter Burkert (1972) mit einer seinerzeit geradezu revolutionären (wenn auch lange kaum wahrgenommenen)[200] Kombination von Strukturalismus, Funktionalismus und Verhaltensforschung, und *Nordionische Kulte* von Fritz Graf (1985). Wir wollen im folgenden bei einer Analyse des wohl kompliziertesten griechischen Festes, der athenischen Anthesteria, auf den Einsichten dieser Gelehrten aufbauen. Wie dies freilich oft bei griechischen Festen der Fall ist, sind wir für unsere Rekonstruktion teilweise auf spätere Quellen angewiesen; zudem sind nicht alle Ereignisse sicher bezeugt.[201]

Das Fest der Anthesteria fand im Monat Anthesterion, ungefähr Ende Februar, an drei aufeinanderfolgenden Tagen statt, die Pithoigia, Choes und Chytroi hießen. Der erste Tag, dessen Name wörtlich ›die Öffnung der Weinkrüge‹ bedeutet, dramatisierte die Eröffnung des Festes, so wie dies auch der erste Tag der Thesmophoria tat (s. Kapitel 6, 3). An diesem Tag also brachten die Bauern aus Attika ihre Krüge mit dem neuen Wein ins Heiligtum des Weingottes Dionysos ›in den Sümpfen‹ (s. Kapitel 3, 2), wo man die Krüge zeremoniell öffnete, den Wein mit Wasser vermischte und erstmals kostete. Dies war auch der Moment, den Gott zu feiern. Ein Augenzeuge im 4. Jahrhundert v. Chr. bemerkte, daß ›die Leute dann von der Mischung erfreut den Dionysos in Liedern feierten, tanzten und ihn als Euanthes (Blumenreichen), Dithyrambos (s. 2), Bakcheutes (Rasenden) und Bromios (Lärmenden) bezeichneten‹ (Phanodemos *FGrHist* 325 F 12). Mit Wasser gemischter Wein war das Hauptgetränk in Griechenland und ein unentbehrlicher Bestandteil von Trankopfern. Es ist deshalb nicht überraschend, daß die Ankunft des neuen Weins von allgemeinem Interesse war und daher von der Gemeinde kontrolliert wurde.

Aber wie bei den kretischen Schwellenriten mußte die Ankunft eines so wichtigen Getränkes nicht nur kurz, sondern eine ganze Zeitlang gefeiert werden. Der nächste Tag, Choes (›Krüge‹) genannt, gab oft dem ganzen Fest seinen Namen (s. 1); er begann damit, daß man die Blätter des Kreuzdorns (eine wenig appetitliche Pflanze) kaute. Die Türen wurden mit Pech beschmiert, die Tempel (mit Ausnahme des Dionysos-Tempels) geschlossen und Männer auf Wagen verunglimpften die Passanten. Diese Auflösung der Gesellschaftsordnung ging einem merkwürdigen Wett-Trinken am Spätnachmittag voran, das sowohl zentral unter Aufsicht der höchsten Beamten abgehalten wurde als auch lokal in den verschiedenen attischen Demen (Bezirken und Dörfern). Entgegen ihrer sonstigen Gewohnheit brachten die Athener dabei unvermischten Wein und ihren eigenen Krug *(chous)* mit und setzten sich an getrennte Tische, während normalerweise Gäste bewirtet wurden, gemischter Wein aus Bechern getrunken wurde und man dazu nicht saß, sondern auf Liegen lagerte. Mit Efeu – der Lieblingspflanze des Dionysos – bekränzt warteten die Teilnehmer auf das Signal aus einer Trompete – einem Instrument, das den Griechen unheimlich war –, bevor sie versuchten, die etwa drei Liter (!) Wein in völligem Schweigen so schnell wie möglich auszutrinken.[202]

Das Ritual zeigt eine deutliche Ähnlichkeit mit dem der ›einsamen Esser‹ von Aigina und illustriert, wie die Griechen einen ›negativen‹ Teil eines Rituals durch eine Umkehr der üblichen Praxis schufen. Andere solche Mittel waren etwa das Fehlen von Kränzen, Trankopfer mit ungemischtem. Wein, Wasser oder Öl statt des üblichen gemischten Weines[203] oder die dunkle Farbe und/oder die völlige Verbrennung des Opfertiers statt der üblichen Aufteilung des Opferfleisches für ein anschließendes Bankett.[204] Die Gegenwart und Intensität dieser rituellen Akte bestimmte die positive oder negative Natur eines Rituals.

Die Ähnlichkeit der Choes mit dem Ritual von Aigina erstreckte sich sogar auf die Ebene des Mythos. Die Aigineten erklärten ihre Feier als Erinnerung an die Rückkehr der Überlebenden des Trojanischen Krieges: Da man die Gefühle von denjenigen, deren Verwandte damals nicht heimgekehrt waren, nicht verletzen wollte, finde das Gelage nicht gemeinsam, sondern in aller Heimlichkeit statt. In vergleichbarer Weise wurde die athenische Gewohnheit schweigenden Trinkens bei den Choes mit der Ankunft des Muttermörders Orestes erklärt, den die Athener nur schweigend und an einem getrennten Tisch bewirten wollten. Eine andere, vielleicht spätere Aitiologie verband die ungewöhnlichen Merkmale damit, daß die Athener des Mordes an den Aitolern schuldig waren, die ihnen den Wein gebracht hatten. Diese Mythen können als ein Ersatz für die uns sonst unbekannten Reaktionen der Teilnehmer benutzt werden, da sie uns ja erzählen, wie die Atmosphäre wahrgenommen wurde. Wir haben noch ein anderes Anzeichen für die düstere Stimmung: Der Tragödiendichter Sophokles soll just bei den Choes an einer unreifen Traube erstickt sein. Da zu jener Jahreszeit noch nicht einmal die Traubenblüte beendet gewesen sein kann, ist die Anekdote höchstwahrscheinlich nicht historisch (zumal auch der Dichter Anakreon an einer Traube erstickt sein soll). Doch gilt es festzuhalten, daß sich das traurige Ereignis während der Choes ereignete und insofern zur düsteren Atmosphäre des Rituals paßt.[205] Der Mythos von Orestes konzentrierte sich auf die merkwürdige Natur des Wett-Trinkens, das nur ein paar Minuten gedauert haben kann. Anschließend nämlich gab sich jeder einem reichhaltigen Essen hin, bei dem selbst ein Misanthrop wenigstens einen Tischgenossen hatte. Das Bild, das Aristophanes in seiner Komödie *Die Acharner* von diesem Bankett malt, ist ein glückliches, und als solches blieb das Fest offenbar auch den Athenern in der Fremde in Erinnerung.[206]

Bisher mag der Eindruck entstanden sein, daß das Fest nur eines für die (männlichen) Bürger Athens war – was ganz verkehrt wäre. Einige Texte und bestimmte kleine Krüge, die irritierenderweise ebenfalls *choes* heißen, zeigen, daß an diesem Tag dreijährige Kinder solche Krüge als Spielzeug bekamen und wohl im Zentrum besonderer Aufmerksamkeit standen. Auch Sklaven hatten an diesem Tag eine gute Zeit; dies wurde damit erklärt, daß ein Teil Attikas einst im Besitz von Karern gewesen sei oder daß angeblich eine Großzahl Sklaven aus Karien stammte. Der Nachdruck auf den Karern scheint auf einen Mummenschanz der Sklaven zu deuten. Eine andere Erklärung nahm auf die Keres Bezug, die Geister der Toten. Es ist schwierig, aber wohl auch unnötig, eine dieser Erklärungen als richtig auszuwählen, da die (einstigen) Karer und die Totengeister strukturell äquivalent sind: Beide fehlten sonst im geordneten Leben Athens.[207]

Die Freiheiten, die den Sklaven an jenem Tag zugestanden wurden, waren noch ein Zeichen für die zeitweise Auflösung der Gesellschaftsordnung. Daß sie in die allgemeine Atmosphäre von Fröhlichkeit einbezogen waren, mag ein besseres Verhältnis zu ihren Eigentümern gefördert haben, da solche Feste der ›Verkehrten Welt‹ (wie bei entsprechenden Sklaven-Festen in der amerikanischen Geschichte) als ein ›Ventil‹ fungieren konnten. Hatte dieses Fest aber auch die Funktion einer Legitimation, wie kürzlich vorgeschlagen worden ist? Vielleicht traf dies in den Augen der Führungsschicht tatsächlich zu, kaum aber vom Standpunkt der Sklaven aus. Eine solche Sicht ließe sich nur halten, wenn Athen eine verhältnismäßig statische Gesellschaft gewesen wäre. Athenische Sklaven aber waren oft erst zu Lebzeiten importiert worden, und ihre Massenflucht während des Peloponnesischen Krieges macht ihre Weigerung deutlich, die bestehende Ordnung zu akzeptieren. Ja, manche solcher Feste der ›Verkehrten Welt‹ wurden zu revolutionären Akten umfunktioniert, was kaum zu erklären wäre, wenn solche Feste wirklich zur Legitimation der bestehenden Ordnung beigetragen hätten.[208]

Ein vor kurzem gefundener Opfer-Kalender des attischen Demos Thorikos zeigt, daß damals – der Kalender stammt aus den 30er oder 20er Jahren des 5. Jahrhunderts v. Chr. – in diesem Demos während der Choes dem Dionysos ein kleines bräunliches (oder vielleicht schwarzes) Ziegenkitz, das noch keine Milchzähne hatte, geopfert wurde. Die dunkle Farbe entsprach dem Charakter des Tages, und die Kleinheit des Opfertiers scheint darauf hinzuweisen, daß dem Opfer kein öffentliches Bankett folgte, denn ein solches Ziegenkitz gab ja nicht viel Fleisch. Anscheinend leisteten die attischen Demen nur einen bescheidenen gemeindlichen Beitrag zu den vielen privaten Festivitäten.[209]

Keine Gesellschaft kann in dauernder Unordnung leben, und so verkündete am Ende der Choes ein Herold den dritten Tag des Festes, die Chytroi (›Töpfe‹). Die Rückkehr zur Ordnung scheint mit der symbolischen Hochzeit zwischen der Frau des höchsten Beamten und dem Gott gefeiert worden zu sein; die Belege dafür, daß dieses Ereignis an den Anthesteria stattfand, sind freilich nicht eindeutig.[210] Die Chytroi wurden jedenfalls sicher als Erinnerung an die große Flut gefeiert (auch die griechische Mythologie kannte ja eine Sintflut). Die Leute aßen einen Eintopf aus Gemüse aller Art und opferten dem Dionysos und dem Hermes Chthonios, also dem Gott, der mit den Toten der Überschwemmung verbunden war. In Aristophanes' Komödie *Die Frösche* wird eine Prozession Betrunkener bei den Chytroi erwähnt (211-9); es liegt daher nahe, daß das dreitägige Fest offiziell mit Chören an dem Ort beendet wurde, wo es begonnen hatte: im Heiligtum des Dionysos.

Für die Athener selbst müssen zu den auffälligsten Merkmalen des Anthesteria-Festes die Freiheiten gehört haben, die in seinem Verlauf den Sklaven zugestanden wurden. Es ist deshalb nicht überraschend, daß die Rückkehr zur Normalität dramatisiert werden mußte. So sagte am Ende der Feier der

Eigentümer vermutlich: ›Zu der Tür, Karer (Keres). (Es sind) keine Anthesteria mehr‹. (In ähnlicher Weise wurde der riesige Phallus, der in Athen während der Dionysia umhergetragen worden war, am Ende jenes Festes zeremoniell verbrannt.[211])

Am dritten Tag der Anthesteria fand noch ein anderes Fest statt. Die Mädchen gedachten durch Schaukeln des Mädchens Erigone, das sich nach der Ermordung ihres Vaters Ikarios, der den Wein nach Attika eingeführt hatte, erhängt hatte. Dieser Teil des Festes, die Aiora, findet sich nicht in außerattischen Anthesteria-Festen und ist auch für das attische Fest in der Literatur nicht vor der hellenistischen Zeit belegt; die bildlichen Zeugnisse für den entsprechenden Mythos stammen sogar erst aus römischer Zeit. Obwohl der Mythos zu den dionysischen Themen des Festes paßt – und die spezielle Rolle der Mädchen zu der von Kindern und Sklaven –, scheint dieser Teil der athenischen Anthesteria eine spätere Hinzufügung zu sein, die auf ein besonderes lokales Fest zurückging: wieder ein Zeugnis für die Flexibilität des Rituals.[212]

Von all ihren Feiern lagen die Anthesteria den Athenern besonders am Herzen. Als Verbannter führte Themistokles genau dieses Fest in Magnesia ein, das er vom Perserkönig als Lehen erhalten hatte. Das Fest wurde auch am Hof des sizilischen Tyrannen Dionysios gefeiert, wo es für (oder vielleicht sogar von) Platon während seines Aufenthaltes in Sizilien organisiert worden sein mag. Diese Beliebtheit dauerte bis in das 3. Jahrhundert v. Chr. an, da die Anhänger des Epikur den gegen ihren Meister erhobenen Vorwurf des Atheismus mit dem Argument abwehrten, daß er die Choes gefeiert und seinen Schülern geraten habe, es ihm darin gleich zu tun. Und Kallimachos erwähnt einen Athener, der die Anthesteria in Ägypten feierte. Ganz offenbar war dieses Fest zu einem integralen Bestandteil athenischer Identität geworden – wie Weihnachten für die Kolonisatoren aus Europa oder das Passah-Fest für die Juden.[213]

Die Anthesteria weisen die typischen Anzeichen von *la grande festa* auf, wie Völkerkundler den Typ von Fest genannt haben, der auf der ganzen Welt die Ankunft der neuen Ernte/Frucht/Wein durch einen scharfen Bruch mit der bestehenden Ordnung dramatisiert. Das Fest ähnelte insofern einer Neujahrsfeier, und dies mag auch erklären, warum etwa Lehrer während dieser Feier ihren Jahreslohn erhielten (Eubulides, Fragment 1). Doch war der Neujahrs-Charakter des Festes natürlich weniger ausgeprägt als beim offiziellen athenischen Neujahr. Dieses wurde im Monat Hekatombaion gefeiert, der von zwei offiziellen Neujahrsfeiern gekennzeichnet war, den Synoikia und den Panathenaia (s. 2), und dem zwei Feste vorangingen, die durch die Auflösung der Gesellschaftsordnung charakterisiert waren, die Kronia (s. Kapitel 5, 3) und die Skira.[214]

Wie andere Feste auch hatten die Anthesteria dem Monat ihren Namen gegeben, in dem sie gefeiert wurden: Anthesterion. Es war dies ein alter ionischer Monat, der auf die Zeit vor der ionischen Kolonisation zurückging, was schon Thukydides wußte; wir dürfen daher annehmen, daß die Anthesteria eines der ältesten griechischen Feste waren. Griechische Kalender sind nicht genügend erforscht, doch sind sie jedenfalls von Bedeutung für die Konnotationen, die mit einem Fest verbunden waren, und für die wechselnden Positionen der Gottheiten in den griechischen Städten. Doch auch hier müssen wir vorsichtig sein. Der Monat Anthesterion hatte – wie auch andere Monate – nicht in allen ionischen Städten denselben Platz im Jahreslauf: Offenbar wurden die Monatsnamen immer wieder einmal verlegt und im Laufe der Jahrhunderte verändert.[215]

Fassen wir unsere Überlegungen zusammen! Wir haben gesehen, daß die Untersuchung kleinerer und größerer Rituale viele Aspekte berücksichtigen muß: die Kalenderordnung, die räumliche Organisation, die Geschlechterrollen, die sozialen Gruppen und Verhältnisse, die Klassifikationssysteme, psychologische und emotionale Aspekte, Fragen der Macht, die Stellung von Gottheiten, lokale Eigenarten, die innere Logik und die Bemerkungen der antiken Teilnehmer. Der fragmentarische Zustand unserer Tradition macht es oft unmöglich, all diese Aspekte zu beachten, doch sollten wir dies zumindest versuchen. In gewisser Weise hat die Erforschung des griechischen Rituals erst gerade begonnen.

KAPITEL 5

MYTHEN

Der Mythos spielte in der griechischen Religion eine wichtige Rolle: Er illustrierte und definierte die Rollen von Göttern und Heroen (s. Kapitel 2, 1), er erklärte Aspekte der Rituale (s. Kapitel 4, 3), er zeigte korrekte oder abweichende Verhaltensmuster an und reflektierte das menschliche Verhalten und den Kosmos.[216] Da von allen Aspekten griechischer Religion der Mythos wohl die größte Aufmerksamkeit und die größte Zahl unterschiedlicher Zugänge auf sich gezogen hat,[217] fangen wir mit einer kurzen historischen Übersicht dieser Zugänge und einer Diskussion neuerer Definitionen an (1). Dann analysieren wir die Ursprünge und die Verwendungen von Mythos (2) und untersuchen das Verhältnis von Mythos und Ritual (3). Wir schließen dieses Kapitel mit dem Blick auf einige Veränderungen in der Beliebtheit von Mythen, wie sie sich in bildlichen Darstellungen zeigen, und auf die Natur des Mythos selbst (4).[218]

1. Eine kurze Geschichte und eine Definition[219]

Nach der in der Renaissance üblichen allegorischen Interpretation des Mythos, für die das seinerzeit äußerst erfolgreiche Handbuch des Natale Conti (um 1520-1600) als Beispiel stehen mag, und nach dem ahistorischen Gebrauch griechischer Mythologie als ›Steinbruch‹ für die Literatur des 17 Jahrhunderts begann die neuzeitliche Erforschung des Mythos zu Beginn des 18. Jahrhunderts.[220] Als Pioniere darf man die Franzosen Bernard de Fontenelle (1657-1757) und Nicolas Fréret (1688-1749) ansehen, von denen der Erstgenannte eine Art von ›primitiver‹ Mentalität postulierte, die vergleichende Mythologie einführte, über die Übertragung von Mythen nachdachte und nicht zuletzt den tödlichen Einfluß der Verschriftlichung auf die Mythologie erkannte – und all das in einer einzigen kleinen Abhandlung! Letzterer sah Mythologie als Ausdruck der Kultur, Gebräuche und sozialen Ordnung einer spezifischen Gesellschaft an.[221]

Diesem vielversprechenden Start zum Trotz fehlte in Frankreich damals ausreichendes philologisches Expertenwissen, um diese Ideen weiterzuentwickeln. Anders war die Situation in Deutschland, wo Christian Gottlob Heyne (1729-1812), Professor der griechischen Philologie in Göttingen, den Begriff *mythus* einführte, um so deutlich zu machen, daß er sich nicht mit einer *fabula*, also einer literarischen Erfindung oder Fiktion befaßte. Heyne zufolge war der Mythos Ausdruck eines spezifischen Volksgeistes, erklärte die bewundernswerten oder erschreckenden Aspekte der Natur und war (was freilich in Heynes Arbeiten nur am Rande zum Ausdruck kommt) ein Mittel, die Erinnerung an große Leistungen zu bewahren.[222] Im 19. Jahrhundert entwickelten zwei Gelehrte namens Müller (die nicht miteinander verwandt waren) Heynes Einsichten weiter. Der erste von ihnen, Karl Otfried Müller (1797-1840) betonte, daß der Mythos die Widerspiegelung einer nationalen (also auf den Stamm bezogenen) Identität und Material aus verschiedenen Geschichtsepochen bot. Der zweite, Friedrich Max Müller (1823-1900), richtete sein Augenmerk auf die Verbindung zwischen Mythos und Natur und sah im Gebrauch von Etymologien einen wichtigen Anhaltspunkt. Die Vorherrschaft dieser Zugänge zum Mythos ging mit dem zweiten Teil des 19. Jahrhunderts zu Ende, als die Vereinigung Deutschlands (1870) das Interesse am politischen Hintergrund griechischer Mythen schwinden ließ und als (nach 1878) neue Einsichten der vergleichenden Sprachwissenschaften, insbesondere die der sogenannten Junggrammatiker, die Grundlage der meisten Etymologien zerstörte, die von Müller und seinen Anhängern produziert worden waren.[223]

Neue Entwicklungen traten in den 70er Jahren des 19. Jahrhunderts ein, als zwei andere deutsche Gelehrte, Wilhelm Mannhardt (1831-80) und Hermann Usener (1834-1905), anfingen, auf den Wert der Landwirtschaft für die Erklärung griechischer Religion aufmerksam zu machen und außerdem erkannten, daß in mehreren Fällen Mythen mit Ritualen verbunden waren (s. 3).[224] Die Betonung der Fruchtbarkeit war enorm erfolgreich und wurde geradezu kanonisch durch die Schriften von James G. Frazer (1854-1941), dem berühmten Autor des Werkes *Der goldene Zweig* (1890),[225] und von Martin P. Nilsson (1874-1967), dessen Handbuch der griechischen Religion die Forschung bis die 60er Jahre unseres Jahrhunderts prägte.[226] Die Verbindung mit dem Ritual wurde in England besonders von den sogenannten *Cambridge ritualists* herausgearbeitet, deren bekannteste Vertreterin Jane Harrison (1850-1928) diesen Ansatz schließlich durch allzu phantasievolle Analysen in Verruf brachte.[227]

Nach dem Ersten Weltkrieg führten die Übertreibungen der *Cambridge ritualists* und die Ablehnung vergleichender Studien in der Welt der Altertumswissenschaft zu einem starken Rückgang der Erforschung des griechischen Mythos, bis in der Mitte der 60er Jahre unseres Jahrhunderts der Strukturalismus neues Interesse weckte, der in den Arbeiten von Walter Burkert und von Jean-Pierre Vernant und seinen Schülern ins Blickfeld geriet. Während Burkerts Hauptinteresse den Verbindungen zwischen Mythos und Ritual galt (s. 3), haben Vernant und seine Schiller ihr Augenmerk auf die Aspekte des Mythos gerichtet, welche die griechische Kultur und Gesellschaft erhellen, etwa die Position von Frauen (s. Kapitel 6, 2), den Wert von Pflanzen und Tieren (s. 2) oder die Rolle und den Ort des Opfers (s. Kapitel 4, 2).[228]

Es überrascht in unserer postmodernen Zeit kaum, daß in den 80er Jahren unseres Jahrhunderts Gelehrte angefangen haben, die Frage nach dem Wert des Begriffs Mythos überhaupt zu stellen. Tatsächlich bedeutet das griechische Wort *mythos* nicht dasselbe wie unser Begriff ›Mythos‹, sondern ist ›bei Homer eine Rede, die Autorität anzeigt, in voller Länge durchgeführt, gewöhnlich in der Öffentlichkeit und mit Berücksichtigung von jeglichem Detail gehalten.‹[229] Indem er das Fehlen eines eigentlichen griechischen Ausdrucks bemerkte, hat Claude Calame deshalb den neuen Ausdruck ›symbolischer Vorgang‹ statt der konventionellen Unterscheidung von Mythos, rituellen und künstlerischen Repräsentationen vorgeschlagen. Da dieser Ausdruck aber wichtige Unterschiede zwischen Mythos und Ritual verdeckt (s. 3) und da ›Mythos‹ bei den Anthropologen eingebürgert ist, folgen wir ihm darin nicht, halten aber fest, daß ›Mythos‹ ebenso wie ›Religion‹ (s. Kapitel 1, 1), ›Ritual‹ (s. Kapitel 4, 1) und ›Initiation‹ (s. Kapitel 4, 3) ein modernes Konstrukt ist.[230]

Was also verstehen wir unter ›Mythos‹ im frühen Griechenland? Walter Burkert hat einmal folgende Definition vorgeschlagen: ›Mythos ist eine traditionelle Erzählung mit einer sekundären, partiellen Bezugnahme auf etwas von kollektiver Wichtigkeit‹; neuerdings spricht er von ›traditionellen Erzählungen‹ mit einer besonderen ›Bedeutung‹, was meiner eigenen Definition einer ›traditionellen Erzählung von gesellschaftlicher Bedeutung‹ recht nahe kommt. Anders gesagt führt uns die Definition zu Erzählungen, die traditionell sind (sogar neue Mythen neigen dazu, sich dem Muster alter Mythen zu fügen), von Bedeutung für die Gemeinschaft (sie sind für die öffentliche Darbietung gedacht, nicht Medium privater Ansichten) und von einer Gesellschaft auf die nächste übertragbar (auch die griechische Mythologie bildet kein geschlossenes Corpus).[231]

Doch in gewisser Weise ist auch diese Definition mangelhaft, da in ihr das Element der Aufführung fehlt. Frühe griechische Mythen wurden einem Publikum erzählt, dessen Zusammensetzung und Umstände sich beständig veränderten; außerdem wurde der Mythos jedesmal, wenn er wiedergegeben wurde, an die Gattungskonventionen der jeweiligen Darbietungsform – Epos, Chorlyrik, Hymnos, Drama oder private Erzählung – angepaßt. Folglich gab es keine autoritative Version eines Mythos. Dichter kannten nur die Standardinhalte, die sie beständig anpassen mußten. So sollten wir unsere Definition neu formulieren und von ›Aufführungen traditioneller Inhalte‹ sprechen, ›die für die Gesellschaft von Bedeutung waren‹. Erst als die Kunst des Lesens und Schreibens verbreitet war, wurde ja aus einem Mythos ein ›Text‹ (s. 4).

2. Ursprünge und Anwendungen

Die Mythologie der archaischen und klassischen Periode war ein Konglomerat aus alten und neuen, einheimischen und importierten Elementen.[232] Die Mythen von Achilleus, Arion, Helena (s. Kapitel 6, 1) und dem Viehräuber Herakles (s. Kapitel 2, 2) scheinen alle auf indo-europäische (Herakles vielleicht sogar noch frühere) Zeiten zurückzugehen.[233] Ihre Konzentration auf Hauptinteressen früher Gesellschaften – Initiation, Pferde, Hochzeit, Lebensmittel – erklärt ihre Kontinuität. Andere alte Mythen, etwa die merkwürdige Geburt des Erichthonios/Erechtheus (s. Kapitel 6, 2) aus dem Samen des Hephaistos und der mythische Komplex von Demeter und Persephone (s. Kapitel 2, 3), der eng mit den Thesmophoria verbunden war (s. Kapitel 6, 3), lassen sich hingegen nicht datieren.[234]

Als ganze neu eingeführt wurden orientalische theogonische und kosmogonische Mythen (s. Kapitel 1, 3), doch übernahmen die Dichter auch Einzelmotive wie das des Bellerophontes: Nachdem die Gattin des Königs Proitos, die sich in jenen Helden verliebt hatte, aber von ihm abgewiesen worden war und ihn aus reiner Bosheit bei ihrem Mann angeschwärzt hatte, sandte ihn der König zu seinem Schwiegervater, dem König von Lykien, mit einem Brief, der ›viele lebenszerstörende Dinge‹ enthielt (Homer, *Ilias* 6, 152-210). Homers Version dieses Mythos beinhaltet zwei Motive, die höchstwahrscheinlich aus dem Orient stammen und tatsächlich beide auch im Alten Testament vorkommen: die Potiphar-Episode in der Geschichte von Joseph (1. Mose 39) und der schicksalhafte Brief in der von David und Batseba (2. Samuel 11 f.). Aber wann, warum, wie und wo fanden diese Anleihen im Orient statt?[235]

Die Entlehnungen stammen höchstwahrscheinlich aus nachmykenischer Zeit: Ein Einfluß kanaanitischer Mythen ist nicht erkennbar, obwohl die mächtige Stadt Ugarit bis zu den Invasionen der Seevölker in Blüte stand und obwohl die Version des mesopotamischen Epos *Enuma Elish*, die in der *Ilias* vorausgesetzt ist (s. Kapitel 1, 3), kaum vor 1100 v. Chr. entstanden ist. Ein späteres Datum mag auch erklären, warum diese Mythen importiert worden sind. Ursprünglich war der geistige Horizont der Griechen weniger die Schöpfung der ganzen Welt als vielmehr der Ursprung ihrer eigenen Stadt gewesen, der die Existenz der Götter voraussetzte.[236] Das Interesse an der Entstehung der Götter und des Kosmos paßt zu dem neuen Interesse an der Welt, das sich erst in der archaischen Zeit in Ionien zeigt. Die unterschiedlichen geographischen Ursprünge der Mythen (Anatolien, Mesopotamien und die Levante) deuten alle auf eine Gegend im Orient, wahrscheinlich Nordsyrien und/oder Zypern, wo griechische Händler orientalische Sänger oder Geschichtenerzähler gehört haben werden und ihre Mythen den Dichtern zu Hause mitbrachten. Eine solche Übertragung muß ein wichtiger Faktor bei der Entstehung der vielen Unterschiede zwischen griechischen und orientalischen Versionen gewesen sein.[237]

Wofür wurde der Mythos verwendet? *Eine* Antwort wird sicherlich lauten müssen: zur reinen Unterhaltung. Chorlyrik mit ihrer Kombination von Musik, Tanz und Lied bot wahrhaftig ein gutes Schauspiel, und für Tausende von Athenern müssen die dramatischen Aufführungen eine willkommene Unterbrechung der langen Wintermonate gewesen sein. Doch waren Mythen auch eine ernste Sache, da sie u.a. Götter definierten (s. Kapitel 2, 1) und Rituale erhellten (s. 3), als Argumente bei Debatten verwendet werden konnten, als Modelle moralischen und religiösen Verhaltens dienten, zur Begründung politischer Identitäten oder politischer Ansprüche beitrugen und überhaupt Teil der griechischen Mentalität waren. Wir wollen einige Beispiele betrachten.

Als sich Achilleus voll Zorn in sein Zelt zurückgezogen hatte und die Tro-

Abb. 10 Terracotta mit einer Darstellung der Kalydonischen Jagd

janer das griechische Lager bedrohten, kam eine Gesandtschaft zu Achilleus, um einen letzten Versuch zu machen, ihn zum Ablassen von seinem Zorn zu bewegen. Sein alter Mentor Phoinix erzählte ihm dazu den Mythos von Meleagros, der nicht nur den Kalydonischen Eber (Abbildung 10), sondern auch den Bruder seiner Mutter in einer Schlacht wegen eines Streits um die Beute getötet hatte. Als seine Mutter ihn deshalb verfluchte, wurde Meleagros sehr zornig und zog sich aus der Schlacht zurück, in deren Verlauf die feindlichen Kuretes seine Stadt Kalydon in Aitolien einzunehmen drohten. Erst im allerletzten Augenblick nahm Meleagros wieder am Schlachtgeschehen teil, doch hatte seine lange Zurückgezogenheit dazu geführt, daß er die Beutegaben eingebüßt hatte, die ihm versprochen gewesen waren (Homer, *Ilias* 9, 529-99).

Diese Passage ist in mehr als einer Hinsicht erhellend. Erstens legt sie nahe, daß Mythen erzählt wurden, um Leute zu einer Änderung ihres Handelns zu überreden. Zweitens wird der Zorn des Meleagros in anderen Versionen kaum erwähnt und mag daher eine Erfindung Homers sein, der damit erreichen wollte, daß der Mythos besser in den von ihm gewählten Kontext paßte. Drittens konnten Mythen ständig angepaßt werden, da wir erst von etwa 500

v. Chr. an Versionen finden, in denen das Schicksal des Meleagros mit einem Holzscheit verbunden wurde, das seine Mutter in das Feuer warf, nachdem sie vom Tod ihres Bruders gehört hatte.[238] Anscheinend sprach dieses spektakuläre Motiv den sich verändernden Geschmack der griechischen Öffentlichkeit an, die sich immer mehr für eine ›emotionalere, ja larmoyantere‹ Geschichte interessierte.[239]

Der Kalydonische Eber war von Artemis gesandt worden, da der Vater des Meleagros, König Oineus, sie einst während eines Opfers vergessen hatte. Dies war nicht der einzige solche Fall: Tyndareus vergaß einmal, Aphrodite einzubeziehen, was die Göttin so erzürnte, daß sie seine Töchter Helena und Klytaimnestra dazu brachte, ihre Männer zu verlassen oder zu betrügen: Tyndareus' Auslassung führte also zum Trojanischen Krieg! Und der Zorn der Hera, den Pelias dadurch ausgelöst hatte, daß er die Göttin nicht geehrt hatte, war die Ursache für den Zug der Argonauten. Diese Mythen zeigten also, welch fürchterliche Folgen es haben konnte, wenn man den Göttern das ihnen Zukommende vorenthielt.[240]

Statt sich auf panhellenische Expeditionen zu konzentrieren, konnten Mythen auch soziale und politische Ansprüche von Familien und Städten fördern, manchmal mittels der Wiedergabe von Genealogien.[241] Die Familie des Hippokrates führte sich auf den Heil-Heros Asklepios zurück, die des athenischen Poseidon-Priesters Erechtheus auf den gleichnamigen Sohn der Ge (Erde) und des Hephaistos. Die Athener hoben ihre Abstammung von Ion hervor, um während des Peloponnesischen Kriegs die Unterstützung der Ionier gegen die Spartaner zu gewinnen. In seiner Tragödie *Ion* ging Euripides sogar soweit, daß er Ion auf eine Verbindung der Kreusa mit dem Gott Apollon zurückführt, Ions Bruder Doros – den Vorfahren der dorischen Spartaner hingegen auf die mit einem Sterblichen, während Doros traditionell der Onkel mütterlicherseits von Ion war. Man konnte auch ein Fehlverhalten in der Vergangenheit als Argument anführen: Die Spartaner untermauerten ihren Anspruch auf Messenien durch die Angabe, die Söhne des Herakles (Herakliden) hätten nach ihrer Rückkehr auf die Peloponnes das Land unter sich aufgeteilt, Kresphontes aber Messenien nur durch einen üblen Trick erhalten – weshalb die Eroberung dieses Landes durch Sparta völlig gerechtfertigt sei.[242]

Wie also der Mythos in die Polilik eingreifen konnte, ist oft besprochen worden; weit weniger Aufmerksamkeit hat die Frage gefunden, wie der Mythos von der ›mentalen Landschaft‹ der Griechen geformt war und diese

Abb. 11 Polyxena und Achilleus, der in einem Hinterhalt auf ihren Bruder Troilos wartet

auch artikulierte. Seine Bilder von Städten und Scheidewegen,[243] Kriegern und Frauen (s. Kapitel 6, 2), Wiesen und Bergen,[244] Pflanzen und Tieren können uns zu sehen helfen, wie die Griechen ihre Welt wahrnahmen.[245] Wenn etwa Inachos, der Hauptfluß der Argolis, als der erste König von Argos und Vorfahr der Argiver verehrt wurde oder wenn Acheloos, der größte Fluß Nordgriechenlands, als Figur eng mit der Knabenerziehung verbunden wurde, wird deutlich, daß die Griechen ihre Flüsse ganz anders wahrnahmen als heutige Anwohner von Rhein oder Donau.[246] Mehr Untersuchungen in dieser Richtung werden schließlich die Rekonstruktion eines ›mythischen Griechenlands‹ ermöglichen.[247]

Frühere Generationen dachten in recht optimistischer Weise, man könne den griechischen Mythos auch dazu benutzen, reale Ereignisse der Vergangenheit zu rekonstruieren. Doch war die griechische mündliche Tradition ›von äußerst flüssiger Art, ihre Überlieferung zufällig und ihre Lebensdauer gewöhnlich kurz‹, was man für Athen tatsächlich zeigen kann. Andererseits spiegelt der Mythos Gebräuche, Verhältnisse, Institutionen und Wahrnehmungen des frühen Griechenlands; in einigen Fällen bewahrl er sogar das Wissen von sonst erloschenen Institutionen. Wenn ein Mythos erzähit, daß Helden wie Hippolytos und Theseus von ihrer mütterlichen Verwandtschaft erzogen worden waren, zeigen Vergleiche mit anderen indo-europäischen Gesellschaften, daß dieser Typ von Erziehung durch Zieh-Eltern in Westeuropa bis weit ins Mittelalter Bestand hatte, nicht aber im klassischen Griechenland.[248]

Wenn man den Mythos für die Rekonstruktion sozialen Lebens im frühen Griechenland nutzt, muß man der jeweiligen Gattung und Tendenz höchste Aufmerksamkeit zukommen lassen, was Mythen über die Familie illustrieren mögen. Homers Ilias neigt dazu, eine Konzentration auf Familienkonflikte zu meiden, doch die attische Tragödie stellt Kämpfe innerhalb der Familie in den düstersten Farben dar. Während dabei ein Konflikt zwischen Vater und Sohn gewöhnlich schlecht ausgeht,[249] war die Beziehung von Bruder und Schwester stets gut. Der Bruder war der Beschützer der Ehre seiner Schwester: Achilleus konnte Troilos auflauern, als dieser seine Schwester Polyxena zu einem Brunnen begleitete (Abbildung 11). Und selbst wenn sich einmal eine Frau – die Priesterin Theonoë in Euripides' Tragödie *Helena* – ihrem Bruder entgegenstellt, so ist sie am Ende des Dramas wieder mit ihm versöhnt. In beiden Fällen reflektiert der Mythos nun wohl nicht die Wirklichkeit, sondern das Wunschbild des Lebens in einer Gesellschaft mit noch schwachen gesetzlichen Institutionen. In einer solchen Gesellschaft brauchten die Familienmitglieder einander, um zu überleben und gedeihen: Darin also liegt eine wichtige Aussage dieser Mythen.[250]

3. Mythos und Ritual

In den letzten Jahrzehnten haben die Gelehrten dem Verhältnis von Mythos und Ritual viel Aufmerksamkeit gewidmet. Obwohl Mythen ohne Rituale und Rituale ohne Mythen existierten, waren diese beiden symbolischen Systeme doch oft miteinander verbunden. Wie diese Beziehung aussah, wird nur allmählich klarer und ist noch immer Gegenstand lebhafter Forschungsdebatten. Im Laufe der Zeit sind drei Deutungsmöglichkeiten vorgeschlagen worden: (1) Der Mythos bietet das Szenario für das Ritual; (2) das Ritual erzeugt den Mythos; (3) Ritual und Mythos entstehen *pari passu* zur gleichen Zeit. Wir wollen alle drei Möglichkeiten betrachten und mit der erstgenannten Möglichkeit beginnen.[251]

Städte eigneten sich nicht selten Figuren der panhellenischen Mythologie für ihren lokalen Kult an. So richtete Athen einen Kult für den thebanischen Oidipus ein, und einer kürzlich entdeckten Inschrift zufolge gründete Argos im 6. Jahrhundert v. Chr. ein *heroon* (s. Kapitel 3, 2) für die Sieben gegen

Theben und holte damit diese Krieger ›nach Hause zurück‹. In Tarent können wir einen spezifischeren Einfluß des Mythos auf das Ritual bemerken, da Frauen von dem Kult für Agamemnon ausgeschlossen wurden – sicherlich im Gedenken an dessen Ermordung durch seine Frau Mytaimnestra. Doch war dies die sprichwörtliche Ausnahme, die die Regel bestätigt: Im allgemeinen stellten solche Rituale keine Details zur Schau, die für ihren Mythos charakteristisch waren.[252]

Komplizierter sind Mythen, die von Ritualen produziert werden (also der zweite oben genannte Fall). Ein interessantes Beispiel ist der Mythos des Perseus. Als dieser Held von Mykenai die Gorgo Medusa mit einer Sichel enthauptete, ›entsprangen ihr der große Chrysaor und das Pferd Pegasus‹ (Hesiod, *Theogonie* 281). Das geflügelte Pferd befähigte Perseus, das Mädchen Andromeda vor einem See-Ungeheuer in Iope (Jaffa) zu retten, wo man in römischer Zeit den Touristen die ›gewaltigen Knochen‹ des Ungeheuers (prähistorische Fossilien?) zeigte – ein in der Forschung oft vernachlässigter Gebrauch der Mythologie! Zu Recht also bemerkte Walter Burkert, daß ›das Roß und der Krieger auf eine Initiations-Prüfung hinweisen‹, übersah aber ein wichtiges Zeugnis, das seine Interpretation stützt.[253] Im Jahr 1892 wurde folgende Inschrift aus dem Mykene des frühen 5. Jahrhunderts veröffentlicht: ›Wenn es keine *damiorgia* (ein dorisches Amt) gibt, sollen die *iaromnamones* (›Erinnerer an Heiliges‹) für Perseus als Richter für die Eltern dienen, wie es beschlossen worden ist‹ (IG W2, 493). Anscheinend wurde Perseus in enger Verbindung mit dem Wettkampf der Knaben gesehen, deren Vorbild er gewesen sein wird. Nun sind im Heiligtum der Initiations-Göttin Ortheia in Sparta Masken alter Frauen und eines ansehnlichen jungen Mannes gefunden worden; auch wissen wir, daß spartanische Knaben Wettstreite ausfochten und als Sieger der Göttin Eisensicheln weihten. Wie Michael Jameson scharfsichtig beobachtet hat, muß dieser spartanische Initiations-Brauch die rituelle Entsprechung des Perseus-Mythos bilden: Die Knaben von Mykene verabschiedeten sich von der Welt der Frauen mit einem Scheingefecht, in dem Masken erschreckender Frauen eine wichtige Rolle spielten. Wir dürfen uns sogar fragen, ob dieser Gebrauch von Masken im Ritual nicht auch der Hintergrund für den Mythos vom Sieg des Theseus über den Minotauros mit Hilfe der Ariadne ist – auch dies ein Initiations-Kampf? Der Minotauros wird oft als ein Mann mit einem Stierkopf dargestellt, und wir wissen, daß in Amathus auf Zypern in einem Heiligtum der ›Aphrodite Ariadne‹ – Priester mit Stiermasken amtierten. Aber während Perseus' Kampf den Bruch mit der Welt der Frauen bedeutet, meint Theseus' Sieg den Eingang in die Welt der erwachsenen Männer: Manche griechischen Krieger trugen Stierhelme – und nach seiner Rückkehr wurde Theseus König von Athen![254]

Die dritte oben genannte Forschungsmeinung, derzufolge Ritual und Mythos *pari passu* zur gleichen Zeit entstanden, hat vor allem Henk Versnel vertreten. Sein Hauptzeuge ist der Mythos von Kronos und der rituelle Komplex der Kronia. Versnel hat sich diesem Komplex wie folgt genähert: Erst sammelte er alle mythischen Traditionen über Kronos, die zeigen, daß der Mythos diesen Gott manchmal negativ (vom Vatermörder bis zum allgemein Gesetzlosen), manchmal positiv (als König einer Goldenen Zeit) darstellt. Dann sammelte er die Zeugnisse für das Ritual, für das in Rhodos Menschenopfer belegt sind, in Athen aber eine sehr fröhliche Atmosphäre, da während des Festes Herren und Sklaven vergnügt miteinander aßen.[255] Schließlich blickte er auf Mythos und Ritual und schloß daraus, daß ›die Kronos-Mythen ebenso zwiespältig wie das Kronos-Fest waren‹. Betreffs der historischen Entwicklung schlägt Versnel vor, daß der Ritus mit einem (aus unbekannten Gründen dem Kronos gewidmeten) landwirtschaftlichen Fest begann, das in historischer Zeit ›in einem Feier-Komplex verankert war, der den Übergang vom alten zum neuen Jahr kennzeichnete und deshalb mit Riten des Rollentauschs begangen wurde‹. Im Kult entwickelte sich Kronos zu dem ›mythischen‹ Gott der vorkosmischen Ära mit seinen Aspekten von Utopie und Katastrophe. Folglich findet sich – immer noch Versnel zufolge – in diesem Komplex eine Korrespondenz von Mythos und Ritus in Struktur und Atmosphäre, da beide mit dem gleichen Typ von Erfahrung in derselben affektiven Weise umgehen – und dies *pari passu*.[256]

Wir haben oben (S. 69) gesehen, daß Claude Calame die Begriffe ›Mythos‹ und ›Ritual‹ durch den neuen Ausdruck ›symbolischer Vorgang‹ zu ersetzen vorgeschlagen hat. Doch illustrieren der Mythos und das Ritual von Perseus mindestens vier wichtige Unterschiede zwischen diesen zwei symbolischen Systemen.[257] Erstens wurde das Ritual von Jungen und Männern mit Masken ausgeführt, während der Mythos von einem wirklichen Kampf zwischen einem jungen Mann und einer alten Frau, Medusa, spricht: Was im Ritual symbolisch und umkehrbar ist, wird im Mythos realistisch und unwiderruflich. Zweitens ist der Mythos selektiv: Er erwähnt nur den Kampf des Perseus, während das Ritual ein rechtes Schauspiel mit vielen Teilnehmern, Kampfrichtern und Zuschauern gewesen sein muß. Diese Selektivität kann übrigens recht bemerkenswert sein: Auf der Insel Lemnos gab es eine vorübergehende Trennung der Geschlechter während der Zeit vor der alljährlichen Ankunft des neuen Feuers; der entsprechende Mythos spricht hingegen von einer Ermordung der Männer durch ihre Frauen, erwähnt aber gar kein Feuer – man sollte also ein Ritual nicht allein auf der Grundlage eines Mythos rekonstruieren. Drittens verleiht der Mythos dem Ritual Bedeutung. Der Wettstreit im Ritual für Perseus war eben nicht irgendein Spiel, da der Sieger gleichsam ein kleiner Perseus wurde. Die Bedeutung konnte auch von erklärender Art sein, da manch ein Mythos auffallende Details des Rituales erklärte. Viertens leiten sich der Name (Pegasos) und die Vorstellung eines geflügelten Pferdes höchstwahrscheinlich aus dem Orient ab, was auch die Lokalisierung der Andromeda in Iope (Jaffa) nahelegt. Offenbar kann der Mythos sich Motive aus anderen Mythen einverleiben und von seiner rituellen Basis entfernt werden; in der Tat wanderten ganze Mythen von einem Kult zum anderen.[258] Übernähme man den neuen Begriff Calames, würden wichtige Unterschiede zwischen Mythos und Ritual verdeckt. Zugleich haben wir auch gesehen, daß das Ritual öfter einen Mythos hervorbrachte, doch war diese Beziehung nicht einfach und läßt sich nicht auf eine Formel reduzieren.[259]

4. Bildliche Darstellungen und Veränderungen

Unsere Konzentration auf die darstellerischen und sprachlichen Aspekte des Mythos darf die große Bedeutung der bildenden Kunst für die Untersuchung des Mythos nicht verdecken. Die großartige Initiative einer ikonographischen Enzyklopädie der klassischen Mythologie, die das seit 1981 erscheinende *Lexicon Iconographiae Mythologiae Classicae* darstellt, ermöglicht eine intensive gegenseitige ›Befruchtung‹ der heute ja getrennten Wissenschaften von der Literatur und der Kunst – also von zwei Gebieten, die in der Antike noch kaum unabhängige Traditionslinien begründeten.[260] In der Tat können wir in der Antike manchmal eine so gut wie unmittelbare Reaktion bildender Künstler auf Werke von Dichtern feststellen. Nachdem etwa Pindar in seiner Ersten Nemeischen Ode, die erstmals in Sikyon bald nach 470 v. Chr. aufgeführt worden war, beschrieben hatte, wie Herakles als Kleinkind die ihn bedrohenden Schlangen erwürgte, stellten attische Vasenmaler bereits wenige Jahre später diese Tat bildlich dar.[261] Maler mögen sogar manche Versionen von Mythen erfunden haben, die in der literarischen Tradition fehlen.

Auf einem Duris-Becher, der in die 70er Jahre des 5. Jahrhunderts datiert werden kann, speit ein Drache den Jason im Beisein von Athene aus, und eine ähnliche Szene findet sich bereits auf einem korinthischen Alabastron aus dem späten 7. Jahrhundert – in der erhaltenen Literatur aber ist dieses Detail des Mythos nie erwähnt. Allerdings hatte der früharchaische Dichter Eumelos ein (für uns weitgehend verlorenes) Epos mit dem Titel *Korinthiaka* geschrieben, in dem Medea offenbar eine wichtige Rolle spielte, und die Vasenmaler mögen jene Szene aus diesem Epos oder aus anderer archaischer Argonauten-Dichtung entnommen haben.[262] Wie auch immer: Die Wechselwirkung zwischen Lyrik und den bildlichen Künsten bleibt ein Problem und verdient weitere Aufmerksamkeit.[263]

Im Lauf der Zeit verloren einige Mythen an Beliebtheit, während andere plötzlich die griechische Phantasie anregten. Im Gegensatz zum fragmentarischen Zustand der literarischen Tradition gestattet uns die enorme Produktion der Vasenmaler, solchen Veränderungen gerade in Athen, dem wichtigsten Herstellungsort von Vasen, im chronologischen Detail nachzugehen. Schon eine bloße Erfassung der erhalten Vasen, die freilich nur einen Bruchteil der archaischen Produktion darstellen, läßt für das Athen der Zeit um 560 v. Chr. eine neue Vorliebe für Mythen mit spezifisch attischen Assoziationen erkennen, etwa den von Theseus und dem Minotauros (s. Kapitel 4, 3), oder auch für diejenigen panhellenischen Mythen, die von den Athenern in gewissem Sinne als ihre eigenen adoptiert wurden, etwa den Herakles-Mythos (s. Kapitel 2, 1). Diese Beliebtheit läßt sich mit der Wiedereinrichtung der Panathenaia in genau jener Zeit in Verbindung sehen (s. Kapitel 4, 2) und ist insofern ein Zeugnis für den neuen Geist des zeitgenössischen Athen.[264]

Das Interesse attischer Vasenmaler an mythischen Szenen ging 480 v. Chr. deutlich zurück – anders als das der Literatur; erst im Laufe der klassischen Zeit verlor die Position des Dichters als Haupterzeuger und Neuerer religiöser Traditionen an Bedeutung, und im hellenistischen Zeitalter war diese Funktion weitgehend an die Philosophen und Historiker übergegangen. Diese Entwicklung beeinflußte auch den Status des Mythos, der nicht länger die gleiche Relevanz für die Gesellschaft hatte wie einst; es ist bezeichnend, daß man im 4. Jahrhundert begann, Mythen als ›Erzählungen alter Frauen‹ abzuwerten.[265] Es wird kaum Zufall sein, daß in demselben Jahrhundert Asklepiades von Tragilos sein Werk über *Tragödienstoffe* herausbrachte, in dem erstmals Tragödien nacherzähit und mit früheren Versionen verglichen wurden (*FGrHist* 12). In hellenistischer Zeit sammelte man dann zeitgenössische Mythen für die Erklärung der großen Dichterwerke oder ordnete sie zu einheitlichen Themen, wie in dem *Bibliothek* genannten Werk, das dem Apollodoros zugeschrieben wird und genealogisch, also nach den mythischen Familien geordnet ist. Diese Sammlungen, in denen Mythen zu festen Texten reduziert worden sind, stellen heute unsere Hauptquelle für das Wissen von der griechischer Mythologie dar. Doch sollten wir uns immer klarmachen, daß diese festen Texte nichts als blasse Spiegelungen der alten Aufführungen sind, die diese Mythen einst lebendig werden ließen.[266]

So hat unsere Analyse eine im Laufe der Zeit große Vielfalt von Zugängen zum Mythos gezeigt. Allmählich werden die methodischen Fallstricke und Möglichkeiten klarer, aber die Forschung ist noch weit von einem Konsens über die besten Methoden entfernt. Die Formbarkeit, Multifunktionalität und Vieldeutigkeit des Mythos machen seine Analyse noch immer zu einem riskanten Unterfangen.

KAPITEL 6

GESCHLECHTERROLLEN

Historiker und Sozialanthropologen benutzen auch im deutschsprachigen Raum den englischen Ausdruck ›gender‹, um die gesellschaftlichen Bedeutungen und die kulturellen Konstruktionen von Weiblichkeit und Männlichkeit von den physischen Konnotationen der Geschiechtlichkeit zu unterscheiden; die Übersetzung mit ›Geschlechterrollen‹ gibt diesen Begriff nur unvollkommen wieder.

Zwar haben Sozialanthropologen auch manche Arbeiten über Konzepte der Männlichkeit erstellt,[267] doch sind neuere Studien der griechischen Religion - sofern sie sich überhaupt der Frage nach den Geschlechterrollen zugewandt haben - vorwiegend Positionen und Darstellungen von Frauen gewidmet. In dem nun folgenden Forschungsüberblick wollen wir daher erst einige Elemente des weiblichen Lebenslaufs und des Alltagslebens betrachten (1), uns dann Darstellungen von Frauen in Kunst und Mythos und der möglichen Vorbildfunktion von Göttinnen zuwenden (2) und mit einer Diskussion der wichtigsten Frauenfeste schließen (3).[268]

1. Lebenslauf und Alltagsleben

In Athen war die Differenzierung der Geschlechterrollen sofort nach der Geburt deutlich, da die Eltern für ein Mädchen eine wollene Binde an den Türpfosten hängten, für einen Knaben einen Ölbaumkranz. Die Symbolik scheint klar: Weben und Spinnen gehörten zu den Hauptaktivitäten griechischer Frauen, während ein Ölbaumkranz dem (männlichen) Teilnehmer bei den Olympischen Spielen als Siegespreis winkte.[269] Was junge Mädchen betrifft, ist wenig über religiöse Aktivitäten im allgemeinen bekannt, doch sind wir recht gut über die Rituale informiert, die ihr Erwachsenwerden begleiteten (und die inzwischen weitgehend erforscht sind).[270]

Typische Motive griechischer weiblicher Initiation waren die Hervorgehobenheit aristokratischer Mädchen, die Trennung, der gemeinsame Tanz, körperliche Übung und Beachtung der Schönheit, was die folgenden Beispiele illustrieren mögen. In Athen wohnten vier Mädchen aus adligen Familien, die sogenannten *arrhephoroi*, einige Monate lang (s.u.) auf der Akropolis. Im attischen Demos Brauron blieben adlige Mädchen eine Zeitlang als *arktoi* (›Bärinnen‹) im Artemis-Heiligtum, wo sie ihre Zeit mit Tanzen, Laufen und Weben verbrachten.[271] In Korinth verbrachten sieben Knaben und sieben Mädchen der prominentesten Familien in schwarzen Gewändern und mit kurzgeschnittenem Haar ein Jahr im Tempel der Hera Akraia auf der Akropolis. In Ilion mußten zwei Mädchen aus den besten Familien von Lokroi ein Jahr im Tempel der Athene Ilias Dienst tun, ihn rein halten, wobei sie barfuß gingen, ihr Haar kurzgeschnitten blieb und ihnen nur ein Kleid zur Verfügung stand. Und auf Keos mußten heiratsfähige Mädchen den Tag in Heiligtümern bei Sport und Tanz verbringen, nachts aber niedere Arbeiten in fremder Leute Haus verrichten. Alle diese Riten lassen sich leicht als Transformationen von Initiationen verstehen, da diese ihre engsten Parallelen bilden.[272]

In Sparta dauerte die weibliche Initiation länger als im übrigen Griechenland. Hier wurden die Mädchen einer gründlichen körperlichen Ertüchtigung in den Sportanlagen unterworfen, um sie für die Hervorbringung starker und kräftiger Kinder vorzubereiten. Während des späteren Teiles ihrer Initiation bekamen einige Mädchen auch eine weibliche Liebhaberin. Schon Alkman (Fragment 1), ein Dichter des 7. Jahrhunderts v. Chr., beschreibt die Anführerinnen eines Mädchenchores, Hagesichora und Agido, als ineinander verliebt. Vergleichbare lesbische Beziehungen existierten auf der Insel Lesbos, wo Mädchen vor der Eheschließung mittels Tanzen und Singen in verschiedenen Kreisen ausgebildet wurden: Die Gedichte der Sappho, der ›Anführerin‹ einer dieser Kreise, sprechen von ihrer leidenschaftlichen Liebe zu einigen ihrer Schülerinnen.[273]

In dem abschließenden Teil ihrer Initiation zogen die spartanischen Mädchen in die Sphäre der Helena, die in Sparta als Göttin verehrt wurde. Ein wichtiges Element in ihrem Dienst war das Laufen, das freilich nicht nur in Sparta durchgeführt wurde: Auch die Mädchen in Brauron (s.o.) veranstalteten Wettrennen, in Chios liefen Mädchen mit Jungen um die Wette, und während des Hera-Festes in Elis rannten Mädchen in einem sehr kurzen Kleid, mit gelöstem Haar und entblößter rechter Schulter und Brust.[274] In Helenas Dienst führten die Mädchen auch Chortänze auf, während derer diese ›kleinen Helenas‹ patriotische Lieder sangen und ihre Schönheit zur Schau stellten. Diese Verbindung von Schönheit und dem Schritt zum Erwachsenwerden der Mädchen war weit verbreitet. In Athen konnte ein aristokratisches heiratsfähiges Mädchen die Funktion als Trägerin des Opferkorbes in Prozessionen *(kanephoros)* einfach mit den Worten ›Als ich ein schönes Mädchen war‹ beschreiben, und in Arkadien hieß das Mädchen, das die Rolle der Novizin für ihre Altersgenossinnen übernahm, schlicht Kallisto, ›die Schönste‹. Tatsächlich endete manchenorts die weibliche Initiation mit einem Schönheitswettbewerb. Die Parallelen legen nahe, daß ursprünglich auch in Sparta die Situation nicht so sehr anders gewesen war, doch betonten die spartanischen Männer, eine Minderheit, das traditionelle Trainieren der Physis und die Betonung der Schönheit noch mehr, um sicherzustellen, daß ihre Beherrschung der Heloten in Messenien in jeder nur möglichen Weise unterstützt würde.[275]

Obwohl die rituellen Elemente durchaus vergleichbar waren, variierten lokale Mythen und banden die Riten näher an ihre Gemeinden. Ein Beispiel: Dem Mythos der *arrhephoria* zufolge, den viele, wenn auch nicht alle Gelehrten für die Widerspiegelung eines Initiations-Szenarios halten, wuchsen Aglauros, Pandrosos und Herse, die drei Töchter des Kekrops, des ersten Königs von Athen, im Palast auf der Akropolis auf. Die Göttin Athene übergab ihnen einen Korb zur Bewachung und untersagte ihnen strengstens, in sein Inneres zu sehen; eines Nachts aber öffneten die Schwestern den Korb und sahen das Kind Erichthonios/Erechtheus und zwei Schlangen. Voller Schrecken über diesen Anblick stürzten sie sich von der Akropolis. Der Mythos erklärt also nicht nur, weshalb es auf der Höhe bzw. an den Hängen der Akropolis Kultbezirke von Aglauros und Pandrosos gab, sondern verband die *arrhephoroi* mit dem Zentrum athenischer Tradition und mit der Mutterschaft: Erichthonios/Erechtheus war der erste menschliche König; eine Schlange, von der man glaubte, sie bewache die Stadt, war die bekannteste Bewohnerin der Akropolis, und die Frauen von Athen legten um ihre eigenen Neugeborenen Goldamulette in Form von Schlangen ›aus Achtung für den Brauch ihrer Vorfahren und für den erdgeborenen Erichthonlos‹ (Euripides, *Ion* 20 f.).[276]

Warum nahmen gewöhnlich nur einige wenige aristokratische Mädchen an diesen ›Initiations-‹Riten teil? War der Schritt zum Erwachsenwerden für die Mädchen der ›unteren‹ Schichten nicht ritualisiert? Eine Antwort auf diese schwierigen Fragen mag man vielleicht in Kreta finden, wo nur die Söhne von Aristokraten während der Initiation eine päderastische Beziehung eingingen, aber ihre Altersgenossen auch ohne diese Maßnahme ›heranreiften‹ (s. Kapitel 4, 3). Ähnlich scheint die Beziehung von Hagesichora und Agido paradigmatisch für die anderen spartanischen Mädchen gewesen zu sein. Offenbar spielten aristokratische Jugendliche in den alten Pubertätsriten eine prominentere Rolle als andere. Als diese Riten im Laufe der archaischen Zeit – vielleicht wegen der Urbanisierung – ihre ursprüngliche Bedeutung verloren, wurden sie nicht völlig abgeschafft, sondern auf eine symbolische Teilnahme einiger Jungen und/oder Mädchen reduziert. Angesichts der vorherrschenden Position der Aristokratie ist es nur zu verständlich, daß diese wenigen ›beispielhaften‹ Jugendlichen aus dieser Schicht rekrutiert wurden. Ebenso nachvollziehbar ist, daß im demokratischen Athen ein solches Adelsprivileg als nicht mehr erträglich galt: Ein Beschluß, den der im 4. Jahrhundert v. Chr. wirkende Historiker Krateros (*FGrHist* 342 F 9) kannte, besagte folglich, daß *alle* athenischen Mädchen eine ›Bärin‹ in Brauron sein mußten. Diese in Athen deutliche Unzufriedenheit mit der prominenten Stellung aristokratischer Mädchen geriet bereits in der archaischen Zeit ins Blickfeld, als auch Nichtadlige häufig Statuen ihrer Töchter (*korai*) auf der Akropolis weihten, um so ihren eigenen Status anzuzeigen.[277]

In vielen Orten in Griechenland wurde freilich nach dem Niedergang der Pubertätsriten die Hochzeit zum Hauptritus, um für Mädchen aus allen Schichten den Übergang von der Jugend zum Erwachsenenalter zu dramatisieren.

Verheiratete griechische Frauen sollten bald erfahren, daß die Religion zur Aufrechterhaltung eines Gesellschaftssystems beitrug, in dem sie eine untergeordnete Position innehatten, das sie aber paradoxerweise zugleich befähigte, zeitweilig eben diesem System zu entfliehen. Frauen galten als anfälliger für Unreinheit und das Gebären wurde manchmal mit Defäkieren und Urinieren als eines der drei wichtigsten Tabus auf heiligem Boden angesehen – was illustriert, wie regelmäßig Frauen mit ›Unreinheit‹ in Verbindung gebracht wurden. Diese Verbindung griff auch auf das weltliche Leben über, wenn etwa in der Hippokratischen Tradition nur weibliche Kranke mit Kot ›gereinigt‹ wurden.[278] Diese negativen Assoziationen wurden auch auf andere

Weise deutlich: Statuen von Göttinnen wurden öfter gewaschen als die von Göttern; sexuelle Enthaltsamkeit scheint von Priesterinnen strenger verlangt worden zu sein als von Priestern, und Frauen blieben öfter aus Heiligtümern ausgeschlossen, insbesondere aus denen von ›Macho‹-Göttern und Heroen wie Poseidon (s. Kapitel 2, 3) und Herakles (s. Kapitel 2, 2).

Andererseits befähigten spezielle Frauenfeste die Frauen, sich eine Zeitlang unter anderen Frauen zu bewegen (s. 3). Griechische Männer erkannten die Bedeutung, die von den Frauen diesen Ereignissen zugemessen wurde: Demokrit etwa soll es ein besonderes Anliegen gewesen sein, nicht während des wichtigen Frauenfests der Thesmophoria zu sterben, damit seine Schwester nicht an der Teilnahme gehindert werde (Diogenes Laertios 9, 43). Frauen spielten auch eine wichtige Rolle in den neuen Kulten und, ›Sekten‹, die allmählich in die griechische Welt eindrangen – eine Erscheinung, die für die Spätantike gut bezeugt ist, als Frauen viel zur Verbreitung der Gnostik, des Manichäismus und insbesondere des Christentums beitrugen. Vor allem ältere Frauen in Athen, denen mehr Möglichkeiten der Bewegung im öffentlichen Raum zugestanden war als Frauen vor der Menopause, propagierten die Kulte von Kybele und Sabazios (s. Kapitel 7, 2). Wenn diese Frauen oft den Eindruck von Angehörigen der niedereren Volksschichten erwecken, gilt dies nicht für die Frauen, die sich für die Bakchischen Lehren interessierten. Es ist geradezu auffällig, daß mehrere der kürzlich publizierten ›Orphischen‹ Goldblättchen, von denen man immer häufiger annimmt, daß sie sich aus Bakchischen Gruppen herleiten (s. Kapitel 7, 1), in verschiedenen Teilen der griechischen Welt jeweils in Gräbern reicher Frauen gefunden worden sind. Im Bereich der Religion ging offenbar mehr hinter den geschlossenen Türen der griechischen Frauenquartiere in den Häusern vor, als die meisten Gelehrten sich haben träumen lassen.[279] Doch waren griechische Männer nicht bereit, den Frauen viele Freiheiten in Religionsdingen zuzugestehen, und selbst Feiern wie die Thesmophoria wurden von Männern zumindest mittelbar beaufsichtigt. Im 4. Jahrhundert v. Chr. ließen die Athener in mindestens zwei Fällen Frauen wegen der Einführung neuer Kulte hinrichten – und hätten auch die Hetäre Phryne aus dem gleichen Grund zum Tode verurteilt, wenn nicht ihr Anwalt vor der männlichen Jury ihre Brüste entblößt hätte.[280]

2. Frauenbilder und Rollenmodelle

Welche Frauenbilder wurden von der griechischen Religion vermittelt? Eine Antwort auf diese Frage kann nicht erschöpfend sein; zwei Gebiete verdienen jedoch unsere besondere Aufmerksamkeit. Zahlreiche attische Vasen stellen Frauen bei der Durchführung von oder der Teilnahme an verschiedenen und insbesondere Hochzeitsriten dar. Sie heben dabei oft die Schönheit der Braut hervor und reflektieren damit das Bild, das sich die Griechen von weiblichen Jugendlichen machten (s. 1). Solche Vasen wurden der Braut als Hochzeitsgeschenk gegeben, und Frauen werden die durch sie vermittelte Sicht wohl oft verinnerlicht haben. Ebenso beliebt waren Bilder von Frauen, die Trankopfer beim Abschied von Kriegern darboten oder als Trauernde an Beisetzungen teilnahmen und – dies besonders in der Zeit nach der ersten Hälfte des 5. Jahrhunderts – ein Grab besuchten. Diese Vasen präsentieren uns die positiven Rollen von Frauen, aber immer in Abhängigkeit oder im Dienst von Männern.[281]

Obwohl also positive Bilder von Frauen nicht fehlen, herrschen negative vor. Die Mythologie spielte eine besonders wichtige Rolle bei der Verbreitung und Erhaltung negativer Bilder von Frauen in allen Lebensphasen, angefangen mit den Mythen, die von der ersten Frau, Pandora, handeln, der man wegen ihrer Neugier viele Übel wie Krankheit und Altersleiden zuschrieb.[282] Wie Knaben (s. Kapitel 4, 3) wurden auch junge Mädchen oft als ›ungezähmte‹ Fohlen und ihre Initiation deshalb als eine Art ›Zähmung‹ angesehen, was auf Vasen als ›Gefangennahme‹ eines fliehenden Mädchens durch einen Jungen wiedergegeben wird.[283] Diese Metapher wird in Euripides' Tragödie *Hippolytos* sogar direkt ausgesprochen, wenn der Chor daran erinnert, wie Aphrodite dem Herakles das Mädchen Iole übergab, ›ein Stutenfohlen, noch nicht gejocht ans Ehebett und bisher ohne Meister‹ (546 f.). Ferner wurden Mädchen mit Färsen verglichen: Der Mythos stellte sich sowohl Io als auch die Töchter des Proitos wie umherstreifende Jungkühe vor.[284] Doch legt die Metapher des Ehe-Joches einen wichtigen Unterschied zur Initiation der Knaben nahe: Trotz den Ähnlichkeiten wurden Jungen beim Erwachsenwerden zu freien Männern, Mädchen aber blieben immer ›unterjocht‹.

Die ›zähmende‹ Funktion der Ehe wurde auch auf der Ebene von Kult und Ritual wiedergegeben. Spartanische Mädchen beteten bestimmte noch unverehelichte Heroinen an, deren Name Leukippiden, ›Weiße Mähren‹, ihre Übergangsposition zwischen Jugend und Erwachsenenalter reflektierte, was auch ihre Wiedergabe teils als Heranwachsende, teils als Neuvermählte zeigt. Der Mythos berichtete auch von ihrer Gefangennahme durch die Dioskuren, den mythischen Vorbildern der jungen spartanischen Männer, die Alkman im übrigen als ›Zähmer schneller Pferde‹ bezeichnet (Fragment 2). Die mythische Gefangennahme endete in der Eheschließung, was eine direkte Widerspiegelung des spartanischen Hochzeitsbrauchs der ›Braut-Entführung‹ war. Und die Thessalier spielten die Reiter-Metapher in ihrem Hochzeitsritual sogar durch: Wie Älian (um 170-240 n. Chr.) berichtet, ›führt ein Mann kurz vor der Hochzeit bei der Darbringung des Hochzeitsopfers ein Kriegspferd mit, aufgezäumt und in voller Rüstung; wenn er das Opfer vollendet und das Trankopfer vergossen hat, führt er das Pferd am Zügel und übergibt es seiner Braut. Die Bedeutung davon müssen die Thessalier erklären.‹ Uns freilich muß Älians letzte Bemerkung nicht ebenso zur Verzweiflung bringen, da uns die Bedeutung des Rituals deutlich zu sein scheint: Bei den pferdeliebenden Thessaliern erwartete ein Mann, daß sich seine Frau wie ein völlig gezähmtes zahmes Pferd verhalte.[285]

Ein negativeres Bild malt das wiederkehrende Motiv junger Mädchen, die sich verlieben und deshalb ihre eigene Familie verraten. Es ist bereits in Homers *Odyssee* (11, 321-5) angedeutet, als Odysseus Ariadne sieht, deren Hilfe für Theseus ihrer Familie schadete, aber für den Sieg des Atheners über den Minotauros entscheidend gewesen war (s. Kapitel 5, 3). Ein anderes frühes Beispiel ist Medea, die gegen das Interesse ihrer Familie dem Jason geholfen hatte, das Goldene Vlies zu erlangen. Beiden erging es nach ihrem Verrat nicht gut, was auch zu erwarten war: Der griechische Mythos konnte ein solches Verhalten eben kaum verzeihen. In diesen und ähnlichen Fällen spiegelt die ambivalente Handlung der Mädchen (Verrat und Hilfe) ihre ambivalente Position zwischen ihrer eigenen Familie und der ihres (künftigen) Gatten, wie überhaupt in frühen Gesellschaften die Unterstützung der Familie von allentscheidender Bedeutung war (s. Kapitel 5, 2).[286]

Auch erwachsene Frauen hatten diese ambivalente Position inne, und auch sie wurden als Verräterinnen ihrer Gatten vorgestellt; man denke etwa an Eriphyle, die den Seher Amphiaraos für eine goldene Halskette verriet (s. Kapitel 3, 3). Außerdem hat kürzlich Christiane Sourvinou-Inwood die Aufmerksamkeit auf Mythen über eine ›schlechte Mutter‹ gelenkt: In den Mythen über die Phineiden werden die Söhne von ihrer Mutter (manchmal auch ihrer Stiefmutter) geblendet, und im Mythos von Ino tötet Themisto versehentlich ihre eigenen Kinder beim Versuch, ihre Stiefkinder zu ermord-

Abb. 12 Kampf der Amazonen gegen Herakles, dessen Kopf fehlt, und seine Heroen-Freunde

den. Die kollektive Phantasie betrachtete wohl die Vorstellung von einer mordenden Mutter als zu hart und ersetzte sie deshalb in einigen Versionen durch eine Stiefmutter. Doch ist die Botschaft der Mythen klar: Griechische Männer und ihre Abkömmlinge waren im Bereich der Familie leicht verwundbar, und so sollten sie die Loyalität ihrer Frauen nie für selbstverständlich gegeben halten. Im Unterbewußtsein blieben Frauen auf nach der Menopause für griechische Männer etwas Furchterregendes, was man an der Vielzahl von Schreckensgestalten erkennen kann, die als alte Frauen dargestellt wurden: Moirai, Empousa, Lamia, Graiai und Erinyes. Kurz: Von der Jugend bis zum Alter bildete der Mythos Frauen in mehr oder weniger negativer Weise ab. Es ist wichtig festzuhalten, daß diese mythischen Bilder nicht als etwas aus einer entfernten Vergangenheit angesehen, sondern ausdrücklich mit der Gegenwart verbunden wurden. Wenn Odysseus in Homers *Odyssee* (11, 433 f.) den Agamemnon in der Unterwelt trifft, beklagt letzterer sich über seine Ermordung durch seine Frau Klytaimnestra und sagt dazu: ›Sie hat Schande auf sich und zukünftige Generationen von Frauen gebracht, und wäre auch eine von diesen ehrlich.‹[287]

Schreckliche Frauengestalten begegneten einem nicht nur innerhalb der griechischen Kultur, der Mythos fand sie vielmehr auch außerhalb der Grenzen der griechischen Welt. Homers *Ilias* spielt auf einen Stamm von Krieger-

Frauen an, die Amazonen, ›Frauen, die Männern gleichen‹ (3, 189 und 6, 186), und diese formelhafte Wendung sieht alt aus; zudem mag Homer nicht alles gesagt haben, was er wußte. Andere Epen machen mehr Angaben: So bezog sich die *Aithiopis* auf den Kampf zwischen Achilleus und Penthesileia, der Königin der Amazonen. In der archaischen Zeit wurde Herakles' Kampf gegen die Amazonen zu einem der beliebtesten Themen der bildenden Kunst (Abbildung 12); ihm folgte dann Theseus: Da nämlich die Tradition nur recht wenige Daten über die Amazonen bot, handelte es sich hierbei um einen verhältnismäßig ›leeren‹ Mythos, in den spätere Zeiten ihre Lieblingshelden einführen konnten. Diese ›Leere‹ zeigt sich im übrigen auch in den weit divergierenden Interpretationen moderner Gelehrter: Das Spektrum reicht von der im 19. Jahrhundert beliebten These vom ›Matriarchat‹ bis zum heutigen ›Anderen‹. Jede Zeit bekommt eben die Amazonen, die sie verdient.[288]

Wenn die Mythologie also wenige Frauen als attraktive Vorbilder für griechische Frauen lieferte, fragt sich, wie es mit den Göttinnen stand. Eileithyia, die als Göttin über die tatsächliche Geburt wacht (s. Kapitel 3, 2), scheint nur eine funktionale Rolle im Leben griechischer Frauen gespielt zu haben. Demeter hingegen, die Göttin, bei der die Frauen ihre Eide leisteten, muß für sie attraktiver gewesen sein, und dies insbesondere wegen ihrer Thesmophoria-Feste (s. 3).[289] Doch gaben griechische Eltern ihren Töchtern nie den Namen Demeter, da man den Abstand zwischen Göttern und Sterblichen üblicherweise für zu groß hielt, als daß man einem Kind den Namen einer Gottheit geben könnte (s. Kapitel 2, 1). Die einzigen Ausnahmen von dieser Regel waren Artemis und Bendis, eine thrakische Göttin, die in Athen im späteren 5. Jahrhundert eingeführt und als eine Art zweite Artemis verehrt wurde (s. Kapitel 7, 2). Beider Namen also wurde regelmäßig Mädchen gegeben, und zwar wohl aus einem offensichtlichen Grund: Schon in der Homers *Odyssee* (6, 102-9) wird Nausikaas Vorrangstellung unter ihren Freundinnen mit der Position der Artemis im Kreise der Nymphen verglichen. Gaben griechische Eltern ihrer Tochter den Namen Artemis, so erhofften sie für das Kind wohl eine ähnliche Stellung unter ihren Altersgenossinnen.[290]

Der Grund dafür, daß Göttinnen kaum befriedigende Vorbilder waren, lag in einer der Eigenarten des griechischen Pantheons begründet, die wir noch nicht erwähnt haben: Bilder von Göttern und Göttinnen reflektierten keineswegs direkt die üblichen Geschlechterrollen im Leben der Menschen. Im Gegenteil: Das griechische Pantheon wies eine auffallende Asymmetrie auf. Während nämlich die Götter bei typisch weiblichen Aktivitäten keine wichtige Rollen spielten, war es bei den Göttinnen genau umgekehrt. Zwar beaufsichtigte Athene auch das Spinnen und Weben, aber sie war zugleich die Göttin der Handwerker, war eng mit dem Krieg verbunden und wurde dann immer in Rüstung dargestellt (s. Kapitel 2, 3). Ebenso waren Hera und Aphrodite (s. Kapitel 4, 3) in verschiedener Hinsicht mit Krieg verbunden,[291] und Artemis war die Göttin der Jagd (s. Kapitel 2, 2). Wie Walter Burkert gezeigt hat, machen archäologische Befunde wahrscheinlich, daß diese auffällige Position von Göttinnen in der männlichen Welt in die Zeit der Jägerkulturen vor der Seßhaftigkeit zurückgeht, doch verhindert die Dunkelheit der Vorgeschichte jedes weitere Verständnis.[292] Insgesamt also war die griechische Mythologie nicht sehr frauenfreundlich – was die Bedeutung von Frauenfesten noch größer werden ließ.

3. Frauenfeste

Die am weitesten verbreiteten Frauenfeste waren die Thesmophoria für Demeter.[293] Ich benutze die Mehrzahl mit Absicht, während die moderne Forschung diese Feiern regelmäßig in der Einzahl bespricht, als seien sie in ganz Griechenland einheitlich gewesen. So schließt eine der interessantesten neueren Analysen mit folgenden Worten: ›Ihr [der Frauen] spezifisches Potential der Fruchtbarkeit wird als wesentlich für die Fortdauer der Gemeinde gefeiert *und* dies findet im [politischen] *Zentrum* der Gemeinde statt: Kalligeneia in der Nähe der Pnyx ...‹. Eine solche Deutung übersieht, daß die meisten Demeter-Heiligtümer gerade außerhalb der Städte lagen (s. Kapitel 3, 2). Wir wollen im folgenden die Feiern im Umriß skizzieren und eine bestimmte ›rituelle Logik‹ in unserer Rekonstruktion der Ordnung der Ereignisse während der Feiern anwenden, aber wir müssen stets bedenken, daß sie alt und panhellenisch waren und örtliche Unterschiede aufwiesen.[294]

Die Thesmophoria, die jährlich stattfanden, dauerten im allgemeinen drei Tage, deren Namen in Athen überliefert sind; in Sizilien feierte man hingegen zehn Tage lang, da hier Demeter und Kore wichtige Positionen im lokalen Pantheon innehatten. In Athen war die Teilnahme auf verheiratete Frauen aus adligen Familien beschränkt, aber eine solche soziale Differenzierung braucht nicht überall stattgefunden zu haben; in einigen Orten scheinen auch Mädchen die Thesmophoria besucht zu haben.[295] In Athen war der erste Tag als Anodos (›Aufstieg‹) bekannt, weil das Fest mit dem ›Aufsteigen‹ der Frauen mitsamt ihrer Ausrüstung, Lebensmitteln und quietschenden Ferkeln zu den Heiligtümern der Demeter anfing, die ja gewöhnlich auf Hügeln lagen (s. Kapitel 3, 2). Sie bauten sich Hütten, in denen sie während der Feiern blieben, und Liegen aus Weidenruten, Flohkraut und bestimmten Arten von Lorbeer, also Pflanzen, die als Anti-Aphrodisiaka galten.[296] Auf der Ebene des Mythos wurde diese Abwesenheit von Sexualität dadurch symbolisiert, daß Demeter die Thesmophoria den unverheirateten Töchtern des ersten Königs (so in Paros) oder einer alten Frau (so in Korinth) gegeben habe, also in beiden Fällen Frauen, die noch nicht bzw. nicht mehr der Altersgruppe mit ›erlaubter‹ Sexualität angehörten. Einer Mythenversion von der Peloponnes zufolge hatten die Danaiden, die in der Hochzeitsnacht ihre Männer ermordet hatten, das Fest aus Ägypten mitgebracht: ein interessantes Indiz für das wahrgenommene ›Andere‹ dieses Festes.[297] Da die Frauen also zeitweilig ihre Ehe verließen, wurde die Abwesenheit von Sexualität während der Zurückgezogenheit deutlich markiert, was die Männer beruhigt haben mag.

Der zweite Tag hießt Nesteia (›Fasten‹), und die Frauen verbrachten ihn mit Fasten und Auf-dem-Boden-Sitzen ohne die sonst üblichen Blumenkränze. Dies war der Tag, an dem Aristophanes in seinen *Thesmophoriazusai* eine Sitzung der athenischen Frauen angesetzt hat, obwohl in Wirklichkeit die athenischen Frauen das Fest wahrscheinlich nie zusammen feierten, sondern sich nur in ihrem jeweiligen Demos getroffen zu haben scheinen.[298] Es paßt zu dem ›anormalen‹ Charakter des Tages, daß Athen an diesem Tag seine Gefangenen freiließ und Gerichtssitzungen und Ratstreffen suspendierte: Diese ›Umkehrungen‹ stellten das ›Fasten‹ in einen besonders starken Kontrast zur Rückkehr zur ›Normalität‹ am letzten Tag, an dem die Fruchtbarkeit von Land und Menschen im Zentrum der Aktivitäten stand.[299] Und so wie der Tod des Sophokles am düstersten Tag der Anthesteria angenommen wurde (s. Kapitel 4, 3), starb Demosthenes am ›trübsten Tag der Thesmophoria‹ (Plutarch, *Demosthenes* 30) – eine für die Wahrnehmung des Charakters dieses Festes typische (wenn auch höchstwahrscheinlich falsche) Angabe.

Demeters Fasten während ihrer Suche nach Persephone ging – nach einer Version des Mythos – zu Ende, als eine alte Frau, Baubo, sie dadurch zum Lachen brachte, daß sie ihren Rock hochhob. Da der Demeter-Mythos eng mit den Thesmophoria an verschiedenen Orten in Griechenland verbunden war, liegt es sehr nahe, das Ende des rituellen Fastens mit den Berichten über Spott, Scheingefechte und anstößige Reden während der Feiern zu verbinden: Die Rückkehr zur ›Normalität‹ mußte ja von einer Periode ganz ›anormalen‹

weiblichen Verhaltens markiert werden. Herodot (2, 171, 2) erwähnt, daß nicht alles über die Thesmophoria frei erzählt werden könne, und diese ›Geheimnisse‹ mögen sich auf diesen Teil der Feiern beziehen.[300]

Am dritten Tag, den Kalligeneia, wurden verrottete Reste von Ferkeln aus unterirdischen Gruben (*megara* oder *magara*) geholt, wo sie einige Zeit zum Verfaulen gelagert hatten, und wurden als künftiges Düngemittel auf Altäre gelegt. Neben diesem Interesse an der Fruchtbarkeit des Landes gab es auch eines an der menschlichen Fortpflanzung: An diesem Tag nämlich wurde in Athen Kalligeneia als Göttin der Geburt angerufen. Es sind wahrscheinlich diese positiven Aspekte des Tages, die mit dem Schweineopfer gefeiert wurden, also dem Opfertier der Demeter (s. Kapitel 4, 2).[301] Nun hat zwar Marcel Detienne in einer bekannten Studie die Meinung vertreten, Frauen sei es nicht erlaubt gewesen, selbst zu opfern; vielmehr sei das Opfer ein streng männliches Geschäft gewesen. Doch bezeugen literarische, epigraphische und archäologische Zeugnisse (s. Abbildung 13) allesamt das Gegenteil, und schon in der Bronzezeit wurden Frauen mit Opfermessern bestattet.[302]

Nur ein paar Anekdoten über Männer, die den feiernden Frauen nachspionierten, und die Komödie *Thesmophoriazusai* des Aristophanes belegen männliche Neugier über die Thesmophoria. Ganz anders war die Lage bei den Mänaden, den weiblichen Anhängern des Dionysos in Mythos und Ritual, deren ekstatische Rituale jedes zweite Jahr im Winter auf den Bergen stattfanden. Der griechische Mythos wimmelt von wahrhaft erstaunlichen Bildern ihres wahnsinnigen Verhaltens, das in der Beschreibung ihrer mörderischen Ekstase in Euripides' *Bakchen* gipfelt: Sie rennen über Berge, bewegen sich wie Vögel, gehen mit Feuer und Schlangen um, greifen Männer an und zerreißen Tiere, Kinder und sogar den König von Theben.[303] In der antiken Literatur und Kunst sind viele Informationen über diese Rituale bewahrt, die sich auch in einigen Namen von Mänaden auf Vasen spiegeln – so der nächtliche Charakter des Rituales in den Namen *Lampas* (›Fackel‹) und *Pannychis* (›Die ganze Nacht‹): Anscheinend konnten die Rituale verhältnismäßig frei beobachtet oder besprochen werden.[304] In der letzten Zeit ist in der Forschung der Entwirrung von Mythos und Ritual in diesen Berichten viel Aufmerksamkeit zuteil geworden, ebenso der Unterscheidung von Mänaden-Bildern, die der visuellen Erfahrung eines zeitgenössischen Zuschauers entsprachen, von solchen, die vom Maler ›erfunden‹ oder von anderen Bildern kopiert wurden; untersucht wurden auch die Darstellung der Mänaden in

Abb. 13 Mädchen beim Opfer an einem Altar

Literatur und Kunst sowie Ursprung und Funktion des Rituals. Wir wollen einige Elemente dieser Diskussionen betrachten.

Berücksichtigt man die Unterschiede zwischen Mythos und Ritual (s. Kapitel 5, 3) und bezieht man auch Vergleichszeugnisse mit ein, kann man oft mit gutem Grund angeben, auf welche Arten die mythische Phantasie die Elemente des Rituals ›verarbeitete‹. Wenn es in Euripides' *Bakchen* heißt, daß Mänaden rohes Fleisch äßen, zeigt ein Vergleich mit dem – für das Mänaden-Ritual inschriftlich belegten – Verzehr von Fleischstücken gezähmter Tiere, daß die fleischfressenden Frauen nur auf der Ebene des Mythos agierten. Andererseits legen Vergleiche mit ekstatischen Ritualen aus aller Welt sehr nahe, daß Elemente wie Barfußgehen, Kopfschütteln, Bewegung zu schriller Musik und zu Klappern oder lautes Singen nicht von den antiken Quellen frei erfunden wurden.[305] Was die Darstellungen auf den Vasen betrifft, können wir untersuchen, welche Elemente ständig bezeugt sind, oder feststellen, welche Details einen Mangel an Funktionalität aufweisen. So hat man schon vor langer Zeit überzeugend dargelegt, daß die Einheitlichkeit der Arten, in der Posen der Frauen bei mänadischen Tänzen dargestellt werden, und ihr Fehlen bei anderen dionysischen Frauendarstellungen implizierten, daß es sich um Spiegelungen von Tänzen aus dem ›wirklichen Leben‹ handelt. Und auch wenn aus nicht ersichtlichen Gründen runde Kuchen (?) auf den Schultern des ›Idols‹ des Dionysos auf den sogenannten lenäischen Vasen erscheinen, werden auch diese kaum erst vom jeweiligen Maler erfunden worden sein.[306]

Es ist offenbar, daß Dichter und Maler von den Mänaden gleichsam gefesselt gewesen sind. Schon Homer (*Ilias* 6, 389) vergleicht Andromache mit einer ›Mänade‹, wenn sie um Hektors Leben fürchtend aufgeregt durch das Haus läuft; auch die Tragödien sind voll von Anspielungen auf das Mänadentum, besonders bei Euripides. Manchmal befähigt das Mänadentum den Dramatiker, eine Frau außerhalb ihres Hauses auftreten zu lassen, so den Euripides in seiner Tragödie *Antigone*. In anderen Fällen werden mythische Mänaden als Vergleich für tobendes Verhalten männlicher Akteure angeführt, so in Euripides' Tragödie *Herakles*.[307] Vasenmaler legten eine große Neugier über die Mänaden an den Tag, wenn auch nicht zu jeder Zeit; die zwei Höhepunkte des Interesses scheinen das Ende des 6. und das 4. Jahrhundert v. Chr. gewesen zu sein. Überdies war das Interesse eindeutig auf bestimmte Zusammenhänge beschränkt. Mänaden sind nicht auf den weißgrundigen Lekythoi dargestellt, und angesichts des Interesses der bakchischen Mysterien am Leben nach dem Tode (s. Kapitel 7, 1) ist es zumindest auffällig, daß Mänaden nie auf Grabvasen erscheinen.[308]

Wenig weiß man über den Ursprung des Mänadentums, doch ist ein Hintergrund in der Initiation nicht unwahrscheinlich.[309] Es ist jedoch klar, daß das mänadische Ritual in der griechischen Welt weit verbreitet war und es alle Arten von lokalen Varianten gegeben haben muß.[310] Das Ritual muß verschiedene Funktionen im Leben der griechischen Frauen erfüllt haben – genauer: dem der Frauen aus der ›Oberschicht‹, auf die es wahrscheinlich begrenzt war. Erstens bot es den Frauen durch ihre Identifikation mit Dionysos während des Rituals die Möglichkeit einer echten religiösen Erfahrung. Zweitens schufen die Rituale Gelegenheiten zum Verlassen des Hauses und zum Aufenthalt mit anderen Frauen ohne die unmittelbare Aufsicht von Männern. Drittens konnten die Frauen dadurch, daß sie in Trance verfielen, vielleicht eine authentischere Selbstdarstellung erreichen als in ihren normalen festen Rollen.

Doch das zeitlich begrenzte Ereignis der Rituale (nur jedes zweite Jahr), die beschränkte Teilnahmemöglichkeit (s. o.) und die zumindest mittelbare männliche Aufsicht lassen es angeraten erscheinen, die Bedeutung dieser Rituale für griechische Frauen nicht überzubewerten, so faszinierend sie auch für griechische Männer (und moderne Gelehrte) waren.

Das Frauenfest, das wir zuletzt besprechen wollen, ist das der Adonia, das alljährlich im Hochsommer stattfand.[311] Während der Feier betrauerten Frauen aller Schichten den Tod des jungen Adonis mit ekstatischen nächtlichen Tänzen und pflanzten Samen von Gerste, Weizen, Lattich oder Fenchel in flache Tonschalen oder Körbe, die am Ende der Feier ins Meer geworfen wurden. Der Kult, der mehr oder weniger den gleichen Funktionen diente wie das mänadische Ritual, ist zuerst im östlichen Teil der griechischen Mittelmeerwelt bezeugt.[312] Er leitet sich eindeutig von der Levante her, was auch die Verbindung von Adonis' Namen mit dem semitischen Titel *adon* (›Herr‹) und die Belege für Weihrauchopfer für Baal auf Flachdächern bezeugen.[313] Das Anlegen der Gärten scheint auf der weitverbreiteten bäuerlichen Gewohnheit zu beruhen, einige Pflanzen vorab keimen zu lassen, um die Qualität von Samen zu testen, aber es ist unbekannt, wie oder warum diese Gewohnheit in das Adonis-Ritual aufgenommen wurde.[314] Im Mythos wird Adonis in sehr negativen Farben gemalt: Er ist das Ergebnis eines Inzests, ein Feigling, der sich unter Kräuterpflanzen verbirgt, ist bei Liebesabenteuern der passive Partner und kommt bei einer Jagd ums Leben – aus männlicher Sicht ist er also keine besonders bedrohliche Figur. Nahmen die Frauen die männliche negative Sicht an oder gab es weibliche Stimmen, deren unabhängige Meinung nur verlorenging?

Im modernen ländlichen Griechenland scheinen Frauen die negative Sichtweise, die Männer von ihnen haben, verinnerlicht zu haben,[315] und es gibt tatsächlich keine Anzeichen, daß die griechischen Frauen der Antike eine andere Ideologie entwickelt hätten.[316] Eines freilich scheint sicher: Wie unsere Diskussion der Rituale, Mythen und Feiern gezeigt hat, bot der Kult den griechischen Frauen nur begrenzte Möglichkeiten zur Unterstützung und zur Selbstdarstellung, und den Frauen der niedereren Schichten wird es noch schlechter gegangen sein als den Aristokratinnen. Außerdem schuf und erhielt die Mythologie eine Vielzahl negativer Frauen-Bilder. So war die griechische Religion nicht so verschieden von dem nahezu frauenfeindlichen Geist der griechischen Kultur insgesamt.

KAPITEL 7

TRANSFORMATIONEN

Obwohl wir in der Zeit, der unser Überblick gilt, bereits verschiedene Veränderungen konstatiert haben, ist es auch uns (s. Kapitel 1, 1) nicht völlig gelungen, einer gewissen statischen Sichtweise zu entkommen. In diesem letzten Kapitel werden wir uns deshalb auf Veränderungen in der griechischen Religion konzentrieren. Wir besprechen die Eleusinischen Mysterien (1), Orphische Vorstellungen und Bakchische Mysterien (2); schließlich versuchen wir eine Skizze der strukturellen Wandlungen während des Übergangs zur hellenistischen Zeit (3).

1. Die Eleusinischen Mysterien

Das Wort *mysteria* war ursprünglich der athenische Ausdruck für das Fest der Demeter und der Kore in Eleusis, wurde später aber für eine Vielzahl von Kulten von Isis bis Mithras verwendet, deren hauptsächliche Gemeinsamkeiten aus Einweihung, Geheimhaltung und (mit Ausnahme der samothrakischen Mysterien und der des Mithras) einem gewissen Interesse am Leben nach dem Tode bestanden.[317] Die Eleusinischen Mysterien wurden alljährlich im Heiligtum der Demeter und ihrer Tochter Kore (Persephone) auf einem Hügel gefeiert (s. Kapitel 3, 2), der außerhalb von Eleusis lag, einem der vielen Demen (Bezirke) von Athen; die Feier fand im Herbst statt, dauerte mehr als eine Woche und kannte zwei Grade der Einweihung.[318]

Eine Prozession führte von Athen nach Eleusis auf der (noch heute so bezeichneten) Heiligen Straße, zugleich folgte man individuellen Riten des Fastens und der Reinigung. Seinen Höhepunkt fand das Ritual in der Gemein-

Abb. 14 Raub der Persephone durch Hades

schaft im *telesterion*, dem Hauptgebäude in Eleusis. Hier zeigte des Nachts der *hierophantes* genannte Priester ›eine einzelne geerntete Getreideähre‹ und rief, so laut er konnte: ›Die Herrin hat ein heiliges Kind geboren, Brimo den Brimos‹.[319] Die Erwähnung der Ähre scheint Isokrates' Worte zu bestätigen, denen zufolge Demeter ›wegen der Wohltaten, die nur der Eingeweihte hören darf‹ *(Panegyrikos 28)*, der Landschaft Attika gewogen war. Zugleich legt sie nahe, daß die Mysterien keine eigentlich esoterische Weisheit verbargen. Der Homerische *Demeter-Hymnos*, der unsere älteste Quelle (aus dem späten 7. Jahrhundert v. Chr.) dafür ist, daß Demeter die Mysterien während der Suche nach ihrer entführten Tochter einführte (Abbildung 14),[320] erklärt vielmehr die Heimlichkeit der Mysterien damit, daß die Rituale ›überwältigend‹ waren und daß ›eine große Ehrfurcht vor den Göttern die Äußerungen hindert‹ (478 f.).[321]

Der Homerische *Demeter-Hymnos* nennt speziell zwei Vorteile für die Eingeweihten: Wohlstand in diesem Leben und Glückseligkeit nach dem Tod (480-9). Der Wohlstand wurde von den Athenern als das Geschenk der Ähre umgedeutet und mit Triptolemos verbunden, einem König von Eleusis, der im *Hymnos* noch keine große Rolle spielt. Während der großen Zeit Athens wurde ihm hohe Bedeutung als dem attischen Kulturhelden zuteil, der die Welt mit der Kunst der Landwirtschaft vertraut machte.[322] Nach dem Niedergang des Reiches verschob sich der Schwerpunkt allmählich von der Landwirtschaft auf die eschatologischen Hoffnungen, doch behielten die Mysterien ihre Beliebtheit. Platon bedient sich in seinen Dialogen *Symposion* und *Phaidros* vielerlei Eleusinischer Realien und Begriffe, und Anhänger des Epikur nahmen die Teilnahme ihres Meisters an den Mysterien als Beleg für seine ›religiöse Korrektheit‹.[323]

Die frühesten archäologischen Belege für das Heiligtum von Eleusis stammen aus dem späten 8. Jahrhundert v. Chr., und da eine Demeter Eleusinia in Ionien und auf der Peloponnes vielfach belegt ist (das lakonische Heiligtum datiert von etwa 700 v. Chr.), scheint der Kult bereits früh sehr beliebt gewesen zu sein. Die Kulte auf der Peloponnes mit ihrem Schönheitswettbewerb (s. Kapitel 6, 1) deuten auf einen Hintergrund in der Initiation, während die in Ionien mit ihrer Verbindung mit (königlichen) Familien (s. Kapitel 2, 2), und die Verwaltung des Eleusinischen Kultes durch zwei *gene* (Sippen), nämlich Eumolpiden und Kerykes, für einen *genos*-Kult sprechen. Kombinieren wir diese Daten mit der Anwesenheit eines ›beim (Staats-)Herd (an der Agora) initiierten‹ Knaben bei der Eleusinischen Feier, können wir erkennen, daß die Einweihungen in die Mysterien ihren Ursprung in den archaischen Initiations-Riten bei der Aufnahme Jugendlicher unter die Erwachsenen des *genos* gehabt haben muß.[324]

Eine ähnliche Entwicklung vom Initiations- zum Mysterienkult fand wohl auch andernorts in Attika statt. In Phlya ließ Themistokles ein Heiligtum für Mysterien-Riten, eben ein *telesterion*, für sein *genos*, die Lykomiden, wiederaufbauen, nachdem es von den Persern niedergebrannt worden war. Viele Jahrhunderte später gab Pausanias an, daß die Lykomiden bei den Zeremonien in ihrem ›Club-Haus‹ (*kleision*) Lieder von Orpheus und einen Hymnos auf Demeter sangen. Die Ähnlichkeit dieses ›Club-Hauses‹ mit anderen griechischen ›Männer-Häusern‹ und der Namensbestandteil ›Wolf‹ (*lykos*) deuten auf einen Hintergrund in der Initiation. Anscheinend wurden einige attische Initiations-Kulte später als Mysterienkulte rekonstruiert und neu gedeutet, nachdem die Pubertätsriten im Verlauf der archaischen Zeit vergangen waren.[325]

Viel weniger ist über die drei anderen gemeindlichen Mysterienkulte der klassischen Zeit bekannt, nämlich die von Samothrake, Lemnos und Theben. Für Samothrake ist ein griechischer Ursprung der lokalen Gottheiten unwahrscheinlich, da hier noch weit in die hellenistische Zeit hinein eine nicht-griechische Sprache benutzt wurde. Anders als die Mysterien von Eleusis waren die von Samothrake auf den Schutz der Seefahrt, nicht auf eschatologische Erwartungen ausgerichtet. Über die Mysterien der Kabeiroi auf Lemnos und in Theben ist wenig Genaues bekannt, außer daß in diesen Kulten Wein eine wichtige Rolle spielte. Die Verbindung der Kabeiroi mit der großen Göttin weist auf einen Ursprung in einem vorgriechischen Kult hin, doch macht es der Mangel an ausreichenden Daten unmöglich, dieses Knäuel aus nichtgriechischen Wurzeln und griechischen (Um-)Deutungen zu entwirren.[326]

2. Orphische Vorstellungen und Bakchische Mysterien

Während sich die moderne Interpretation der Eleusinischen Mysterien nur gleichsam im Schneckentempo fortbewegt, ist in den letzten zwei Jahrzehnten der Zuwachs an Wissen über (und Verständnis für) die Bücher, Doktrinen, Riten, Initiatoren und Gruppen, die mit Orphischen Vorstellungen und Bakchischen Mysterien verbunden waren, geradezu spektakulär gewesen.[327] Um 500 v. Chr. entstand in Süditalien eine neue religiöse ›Bewegung‹, die ihre Vorstellungen in Form von Gedichten des Orpheus, des mythischen Sängers par excellence, verbreitete, um ihre Neuerung zu legitimieren.[328] Die frühesten Quellen zeigen eine Nähe zu Pythagoräischen Ideen und Praktiken und auch zum Dionysischen Kult. Schon Herodot identifizierte orphische und bakchische Riten (2, 81), und in Euripides' Tragödie *Hippolytos* (428 v. Chr.) benutzt Theseus das Verb *bakcheuein* für die Durchführung orphischer Riten (953 f.). Außerdem hat man in Olbia am Schwarzen Meer Knochenplättchen aus dem 5. Jahrhundert v. Chr. mit der Erwähnung von *Orphikoi* in einem dionysischen Zusammenhang gefunden.[329] Anscheinend gehörten orphische Vorstellungen und bakchische Mysterien dem gleichen Komplex an. Die zwei beliebtesten frühen Mysterien waren also Kulte genau *der* zwei Gottheiten, die im griechischen Pantheon eine ›exzentrische‹ Position innehatten (s. Kapitel 2, 3 und 3, 2 und 4, 2).

Es war immer bekannt, daß das wichtigste ursprüngliche orphische Gedicht eine Theogonie gewesen sein muß; allerdings mangelte es an direktem Wissen darüber, und so mußten die Gelehrten aus Rekonstruktionen der immer weiter ausgearbeiteten hellenistischen und spätantiken orphischen Theogonien extrapolieren.[330] Doch da 1982 ein Papyrus von etwa 325 v. Chr. aus Derveni (Makedonien) provisorisch veröffentlicht wurde, der einen Kommentar zu einer wahrscheinlich orphischen Theogonie aus dem 5. Jahrhundert enthält, haben wir nun einen direkten Zugang zu einer ganzen Anzahl von Versen dieser ältesten Theogonie.[331]

Der Papyrus zeigt, daß die orphische Theogonie einen Nachfolge-Mythos beinhaltete, der mit dem bei Hesiod vergleichbar war, aber mehr skandalöse Details angab, so den Inzest des Zeus mit seiner Mutter. Die Theogonie begann wahrscheinlich mit der Nacht als erster Gottheit, da der Papyrus den ›nacht-geborenen Himmel‹ erwähnt, ›der als erster König war‹ (10, 6). Die Annahme eines solchen Anfangs wird von der Geburt des orphischen ›Eies der Nacht‹ in Aristophanes' Kömodie *Die Vögel* (693-7) gestützt, ebenso davon, daß Eudemos, ein Philosoph des 4. Jahrhunderts v. Chr., eine Theogonie kannte, die mit der Nacht anfing;[332] und nach zwei Einführungs-Hymnen beginnt auch die Sammlung Orphischer Hymnen aus der römischen Kaiserzeit mit einem Hymnos auf die Nacht.[333] Andererseits erwähnt die sogenannte rhapsodische orphische Theogonie, die vielleicht so früh ist wie der attische Historiker Kleidemos (um 350 v. Chr.),[334] einen Protogonos als ersten König. Wir dürfen daraus wohl schließen, daß es bereits in einem Frühstadium der ›Bewegung‹ konkurrierende Versionen der orphischen Theogonie gab.

Der Papyrus von Derveni bricht an der Stelle ab, an der Zeus den Inzest mit seiner Mutter begeht. In späteren Versionen vereinigte sich Zeus auch mit der aus dieser Verbindung hervorgegangenen Persephone und zeugte Dionysos, den die Titanen erschlugen. Dieser ›alte Kummer der Persephone‹ wird schon von Pindar (Fragment 133) erwähnt[335] und war deshalb vermutlich bereits Bestandteil der Derveni-Theogonie. Die Bedeutung der Episode wird durch den Höhepunkt der rhapsodischen Theogonie deutlich, der vom Ursprung der Menschheit handelte, wie dies vermutlich auch die älteste Theogonie tat: Als Nachkommen der Titanen waren die Menschen von beflecktem, aber göttlichem Ursprung.[336] Der fragmentarische Zustand des Papyrus erlaubt uns nicht zu sehen, ob die Theogonie sich auf die Wiedergeburt bezog, eine Doktrin, die bereits von frühen Quellen dem Orphismus zugeschrieben wird.[337]

Zusätzlich zum Papyrus von Derveni haben die letzten Jahre die Entdekkung einer Anzahl sogenannter Orphischer Goldblättchen erlebt. Diese winzigen Blättchen waren sozusagen Pässe für die Unterwelt und sind in Gräbern in Italien, Kreta, Thessalien und Lesbos gefunden worden. Um 1970 sind die damals verfügbaren Texte, die mündlichen Umlaufvoraussetzen,[338] in zwei Gruppen eingeteilt worden: In der einen Gruppe (A) wendet sich die Seele an die Mächte der Unterwelt; die andere Gruppe (B) beinhaltet Anweisun-

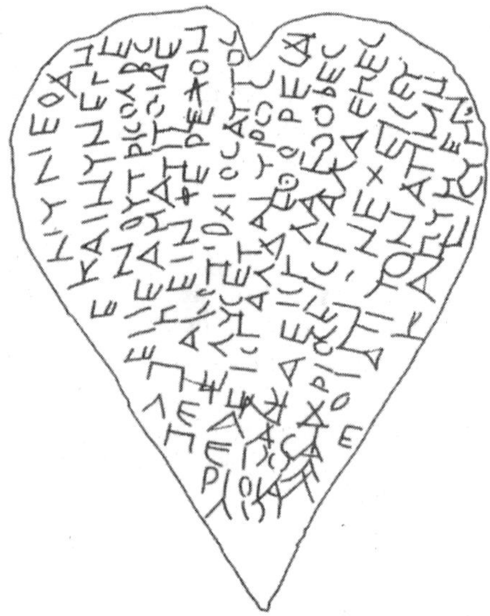

Abb. 15 Ein Goldblättchen aus Pelinna in Form eines Efeublattes, also der dem Dionysos heiligen Pflanze

gen an die tote Person.[339] Aber die 1987 publizierten Goldblättchen aus Pelinna (s. Abbildung 15) überbrücken diese Unterschiede zwischen den zwei Gruppen und bieten zusätzliche Belege für die Verbindung zwischen der orphischen Anthropogonie (Lehre von der Menschenentstehung) und den bakchischen Mysterien,[340] da der toten Person aufgetragen wird: ›Sage Persephone, daß Bakchios (also im Orphismus – s.o. – der Sohn Persephones) selbst dich befreit hat‹ – was im Lichte von Persephones ›altem Kummer‹ verständlich wird.[341] Neue Entdeckungen machen die Sache nochmals komplizierter: Ein jüngst publiziertes Blättchen aus Thessalien erwähnt Brimo und deutet insofern auf einen Eleusinischen Einfluß (s.o.); welche Überraschungen uns noch erwarten, läßt sich nicht absehen.[342]

Die literarischen Zeugnisse für Bakchische Mysterien sind ziemlich armselig, und auch die Goldblättchen bieten nur wenige Hinweise auf bakchische Rituale; immerhin deutet eine Bezugnahme auf ›Reinheit‹ zumindest auf kultische Reinigungen.[343] Doch ist es nicht einmal klar, in welchem rituellen Zusammenhang die Blättchen Verwendung fanden: bei der Einweihung in die Mysterien oder aber bei der Bestattung? Der Papyrus von Derveni weist auch auf eine rituelle Situation für die Orphische Theogonie hin, da seine erste Zeile wahrscheinlich (der Text ist sehr fragmentarisch) besagte: ›Ich werde für jene sprechen, die berechtigt sind. Schließt eure Türen, ihr Uneingeweihten‹ (3, 8). Und wenn wir das Ende des sogenannten jüdisch-hellenistischen *Testament des Orpheus* als Indiz in die Überlegungen einbeziehen dürfen, endete die Theogonie auch mit einer Forderung nach Verschwiegenheit.[344] Da der Kommentator erwähnt, daß die Anfänger für ihre Zeremonie bezahlen mußten, aber kein Verständnis erlangen (16, 2-12), mußten sich Bakchische Initianden wahrscheinlich während ihrer Einweihung die Theogonie anhören, ohne sie – jedenfalls in der Sicht des Kommentators – richtig zu deuten.

Die Erwähnung einer Bezahlung legt nahe, daß zur Zeit des Kommentators für orphisch-bakchische Initiationen Geld verlangt wurde. Dies paßt zu Platons anschwärzenden Bemerkungen darüber, daß ›an den Türen der Reichen (orphische) Bettelpriester und Wahrsager‹ aufträten, die für ihr Ritual orphische Bücher benutzten und Opfer für kultische Reinigungen sowie spezielle Riten für die Toten durchführten (*Staat* 2, 364de).[345] Platons Bemerkungen zeigen auch an, daß die Klientel dieser Leute reich war, was durch die Entdeckung von Blättchen in Gräbern reicher Frauen (s. Kapitel 6, 1) und durch Herodots Erwähnung der bakchischen Initiation des Skythenkönigs Skyles in Olbia bestätigt wird (4, 78-80). Zwei allzu unklare Belege weisen vielleicht sogar auf die Existenz von ›Versammlungen‹ hin: die Nennung von *Orphikoi* in einem Zeugnis aus Olbia und die Aussage einer Inschrift des 5. Jahrhunderts aus dem italischen Kyme (Cumae), derzufolge ›es für niemanden rechtmäßig ist, hier (wohl in einer Grablege) niedergelegt zu werden, es sei denn, daß er bakchisch initiiert ist (*bebakcheumenon*)‹.[346] Doch scheint es kaum zulässig, aus diesen zwei Beispielen auf ein allgemeineres Modell zu extrapolieren.

Wie es oft für neue Kulte gilt, war der Orphismus eine Mischung aus alten und neuen Elementen. So nutzte er die traditionelle Vorstellung der Genealogie, präsentierte aber eine etwas geradlinigere Abfolge der Generationen. Der Papyrus von Derveni erinnert uns auch an Xenophanes (Fragment 23) mit seinem Nachdruck auf der Position des Zeus: ›Zeus ist das Haupt, Zeus die Mitte, durch Zeus geschehen alle Dinge‹ (13, 12).[347] Zur gleichen Zeit bot der Orphismus auch eine Erklärung des Ursprunges der Menschheit und einen eschatologischen Trost. Durch die Rede von einer alten Schuld und durch den (manchmal?) praktizierten Vegetarismus stand der Orphismus in direktem Gegensatz zu dem auf das Diesseits gerichteten Geist der griechischen Religion (s. Kapitel 1, 2) und zu ihren gemeinschaftserhaltenden Opferpraktiken. Außerdem weist die Erwähnung einer Vielzahl von Orphischen Büchern in Euripides' Tragödie *Hippolytos* (954) auf einen anderen auffallenden Unterschied zur ›gewöhnlichen‹ Religion: Solche Bücher waren gleichsam ein Anschlag auf die mündliche Gesellschaft Griechenlands, wie man ja auch die skeptischen Sophisten in negativer Weise mit Büchern in Verbindung brachte.[348] Trotz dieser ›Abweichungen‹ war die ›Bewegung‹ erfolgreich: Bereits im 5. Jahrhundert waren orphische Vorstellungen in die Mysterien von Eleusis und Theben (s. o.) eingedrungen.[349]

Die neuen Entdeckungen haben also die Frühgeschichte des Orphismus stark erhellt, wenn auch die Gründe für seine Entstehung, seine Beliebtheit und die Übertragung seiner Vorstellungen, seine Verbindung zu den bakchischen Mysterien und sein sozialer Ort noch weitgehend offen bleiben.[350]

3. Strukturwandel

Der Aufstieg orphischer Vorstellungen und damit verbundener Praktiken war nur eine der Entwicklungen, die das Gesicht der traditionellen Religion allmählich veränderten. Wir wollen dieses Kapitel deshalb mit einer Skizze von einigen jener Wandlungen schließen und uns dabei auf die Götter konzentrieren, da in diesem Gebiet wohl die meisten Veränderungen geschahen. Xenophanes' Kritik am göttlichen Anthropomorphismus (s. Kapitel 2, 1) und orphische Abänderungen der göttlichen Genealogie zeigen, daß um 500 v. Chr. das Homerische Bild der Götter die Intellektuellen nicht mehr befriedigte. Im folgenden Jahrhundert intensivierte sich diese Unzufriedenheit nur in verschiedener Weise. So können wir eine Trübung der Identität einiger Gottheiten bemerken: In der Tragödien-Trilogie *Lykurgos* des Aischylos war Apollon als Helios benannt; dabei muß die Verbindung mit Orpheus nicht eine Neuerung des Aischylos sein, denn der Papyrus von Derveni führt einen Orphischen Hymnos an, der Demeter mit Hestia gleichsetzt.[351] Ähnliche Gleichungen begegnen uns auch bei Pindar, Sophokles und Euripides, sind aber in all diesen Fällen auf Demeter und weniger wichtige Gottheiten wie Rhea, Ge und Meter, die ›Mutter‹ der Götter, beschränkt.[352] Es sollte noch mehr kommen.

Man hat immer gewußt, daß als erster der Sophist Prodikos die wesentlichen Qualitäten der Götter leugnete, sie dann aber mit einer neuen Identität versah, indem er behauptete, daß sie von ihren Zeitgenossen aus Bewunderung für ihre Entdeckungen von ›Lebensmitteln, Schutz und den anderen praktischen Fähigkeiten‹ vergöttert worden waren. Doch ergibt sich aus einem kürzlich veröffentlichten Papyrusfragment aus Herculaneum, daß laut Prodikos in einem früheren Stadium der kulturellen Entwicklung der primitive Mensch aus Bewunderung ›die Früchte der Erde und so gut wie alles, was zu seiner Existenz beitrug‹, vergötterte. Diese Ansichten waren in Athen sofort erfolgreich und wurden schon von Aristophanes in der 414 v. Chr. aufgeführten Komödie *Die Vögel* (685 ff.) und acht Jahre später von Euripides in der Tragödie *Die Bakchen* (275-86) parodiert.[353] Ihre Erwähnung in Komödie und Tragödie zeigt, daß griechische Intellektuelle diese Vorstellungen nicht nur im privaten Kreis besprachen, sondern in aller Öffentlichkeit vor ganz Athen zur Diskussion stellten.[354] Prodikos freilich blieb ein geehrter Bürger auf seiner Heimatinsel Keos, und nichts deutet darauf hin, daß er aus seinen theoretischen Ansichten Konsequenzen für die rituelle Praxis gezogen hätte; ja, mit Ausnahme der Orphiker und Pythagoräer scheinen nur wenige Philosophen vor Theophrastos' Studie *Über die Frömmigkeit* (Fragment 584) Tieropfern gegenüber kritisch eingestellt gewesen zu sein; immerhin nennt Platon in seiner letzten Arbeit, den *Gesetzen*, nicht-tierische Opfer ›rein‹ (782 c).[355]

Andererseits sollten wir die Wirkung dieser ›atheistischen‹ Sichten nicht unterschätzen. Freilich belegen die regelmäßig atheistischen Aussagen in Euripides' Tragödien nicht, daß der Dichter ein Atheist war, wie man oft gemeint hat, sondern demonstrieren nur, daß solche Ansichten erörtert werden konnten und als Bestandteil der zeitgenössischen Diskussion gelten dürfen.[356] Zudem problematisieren Euripides' späte Tragödien die Position der Götter. Im *Ion* und im *Orestes* werden die Protagonisten Kreusa bzw. Orestes als von den Göttern verlassen gezeigt, in den Tragödien *Helena* und *Iphigeneia auf Tauris* spielen die Götter überhaupt keine wichtige Rolle mehr. Noch deutlicher wird dieser Wandel darin, daß sie bei Thukydides schlicht fehlen, ja der religiöse Faktor fast völlig vernachlässigt wird.[357] Andere gingen über intellektuelle Skepsis hinaus: Die Verstümmelung der Hermes-Statuen und die Profanierung der Eleusinischen Mysterien im Jahr 415 v. Chr. zeigen ebenso wie die Gründung von Clubs wie dem der Kakodaimonistai (›Verehrer des bösen Geschicks‹), wie weit sich die Oberschicht der traditionellen Religion entfremdet hatte.[358]

Wenn die Existenz der Götter problematisch wird, wird das Interesse an göttlicher Intervention im öffentlichen Leben bald geringer. Aristophanes, für den die Seher lange eines der Hauptziele seines Spottes gewesen waren, beachtete sie nach der Katastrophe der gescheiterten athenischen Expedition nach Sizilien im Jahr 415 v. Chr. kaum noch, und Thukydides ging in dem Teil seiner Arbeit, der die Periode nach 416 v. Chr. behandelt, nicht mehr auf Orakel ein, wie sie auch in der Neuen Komödie völlig fehlen.[359] Als um die schicksalhafte Zeit der Schlacht von Chaironea (338 v. Chr.), bei der die griechischen Städte ihre Unabhängigkeit an Philipp II. und seine Makedonen verlieren sollten, sich Orakel wieder neuer Beliebtheit erfreuten, wies Demosthenes daraufhin, daß man im Athen des Perikles ›solche Dinge als bloße Vorwände für Feigheit ansah und den Plan verfolgte, den die Vernunft geboten hatte‹ (Plutarch, *Demosthenes* 19 f.). Ein so starker Gegensatz zwischen Vernunft und Orakelwesen wäre im 5. Jahrhundert kaum möglich gewesen.

Religiöse Entwicklungen sind freilich selten geradlinig. Während Intellektuelle die Götter abwerten konnten, hießen andere sie willkommen. In der zweiten Hälfte des 5. Jahrhunderts v. Chr. kamen verschiedene neue Gottheiten, ekstatische und Heilgötter, in Athen auf, über die wir bestens informiert sind. Im Jahr 420 v. Chr. trat in Athen der Heilgott Asklepios von Epidauros mit seiner heiligen Schlange auf, die Sophokles angeblich in seinem Haus bewirtete. Der Kult jenes Gottes wurde sofort sehr beliebt, obwohl er nicht gratis war: In vielen Heiligtümern von Heilgöttern haben Ausgrabungen ›Opferstöcke‹ ans Licht gebracht, in denen dankbare Patienten ihre Spenden hinterlassen mußten. Diese besondere Aufmerksamkeit, die man dem Körper entgegenbrachte, ist zugleich typisch für ein wachsendes Interesse an der Privatsphäre, das im 4. Jahrhundert v. Chr. deutlicher wird.[360]

Auch das zunehmende Interesse an Gottheiten mit ekstatischen Kulten spiegelt eine Bewegung, die von der geordneten öffentlichen Sphäre wegführte. Von Phrygien über Ionien war allmählich die Göttin Kybele (Abbildung 16) nach Griechenland gekommen, wo in Athen der ekstatische Aspekt in ihrem Kult um 429 v. Chr. sichtbar wird, als ihr Name erstmals in einer attischen Komödie erwähnt wird.[361] Andere Gottheiten, die um die gleiche Zeit oder etwas später nach Athen gekommen zu sein scheinen, waren Adonis (s. Kapitel 6, 3), Bendis und Sabazios.[362] All diese Götter haben jeweils sowohl einen ekstatischen Kult als auch, wie es jedenfalls scheint, eine weibliche Anhängerschaft. So spricht einiges für die Vermutung, daß die Aufmerksamkeit, die gegenüber diesen Riten bei den (männlichen) Vasenmalern und

Abb. 16 Marmorstatue der Kybele als ›Herrin der Tiere‹

Dramatikern deutlich wird, eine tiefe, aber zwiespältige Hingezogenheit zu diesen Riten zeigt, in denen man von einem Gott völlig besessen werden und so dem Rahmen der Polis völlig entkommen konnte. Ebenso können wir die Schilderung der Mänaden (s. Kapitel 6, 3) und der Einweihung des Pentheus in Euripides' *Bakchen* als eine Art geistigen Experiments mit einer solchen Flucht und einem solchen Selbstverlust betrachten. Aber es sollte noch eini-

Abb. 17 Älteste Darstellung des Pan beim Flötenspiel

ge Zeit dauern, bis männliche Bürger solche Besessenheits-Kulte offen ausüben konnten. Eine Ausnahme geschah in Attika um 400 v. Chr., als ein gewisser Archedemos von Thera eine Höhle für Pan (Abbildung 17) und die Nymphen ausschmückte und eine Zahl von Inschriften verfaßte, in denen er sich *nympholeptos,* ›von den Nymphen besessen‹ bezeichnet.[363]

Es war nicht nur die Ekstase, in der sich diese neuen Kulte von jenen der traditionellen Götter unterschieden. Wie Euripides' *Bakchen* zeigen, müssen diese neuen Götter auch gelobt werden. Der Chor nennt Dionysos ›die führende Gottheit der Seligen‹ (377 f.) und ›geringer als keiner der Götter‹ (777) und ruft ihn ›Herr, Herr‹ (583). Dem Teiresias fehlen sogar die Worte, zu beschreiben, ›wie groß er in ganz Hellas sein wird‹ (273). Wie Henk Versnel gezeigt hat, kündigt dieser Aspekt ein Merkmal der Götter an, das in hellenistischer Zeit viel auffälliger werden sollte. Die Erhebung eines Gottes über alle anderen erfordert auch eine exklusivere Zuneigung für diesen einen Gott. Der Gläubige will diesem Gott ›dienen‹, wird sein ›Diener‹ oder ›Sklave‹. Auch dieses Merkmal wird in hellenistischer Zeit deutlich, doch präsentiert uns schon Euripides die Liebe des Hippolytos zu Artemis und die Hingebung Ions an Apollon. Beide Protagonisten sind – wie auch Pentheus in den *Bakchen* –

Jugendliche: Offenbar fand es der Dramatiker (noch?) schwierig, erwachsene Männer in solch religiöser Abhängigkeit vorzustellen.[364]

Eine Vorliebe für einen Gott wurde also erst in hellenistischer Zeit üblicher, als aus der in die Polis eingebetteten Religion eine Religion geworden war, die differenzierten Gruppen zur Wahl stand.[365] Diese Tendenz war schon um die Mitte des 4. Jahrhunderts deutlich, als Platon in seinen *Gesetzen* ausdrücklich vorschlug, daß ›niemand in seinem Privathaus ein Heiligtum besitzen darf; kommt es aber jemandem in den Sinn zu opfern, so soll er sich zu den öffentlichen Heiligtümern begeben, um zu opfern, und seine Opferspenden den Priestern und Priesterinnen übergeben.‹ (10, 909d)

Es ist hochinteressant festzustellen, daß laut Platon diese ›Privatisierung‹ der Religion anscheinend Hand in Hand mit einem wachsenden Interesse an der Magie verlief (ebd. 11, 933a). Magie war ein traditionelles Element der griechischen Gesellschaft, aber es war durch die Angriffe von Philosophen und Ärzten zunehmend marginalisiert worden, die sich ja in gewisser Weise um die gleiche Klientel bemühten.[366] Platon schreibt Einzelhaft für jene vor, die ›voller Menschenverachtung die Seelen vieler Lebender verlocken und behaupten, sie könnten sogar die Seelen der Toten herauflocken, und die sich erbieten, die Götter zu überreden, indem sie sie durch Opfer, Gebete und Beschwörungen berücken wurden, und die dadurch Einzelne und ganze Familien und Staaten um des Geldes willen bis auf den Grund zu verderben suchen‹ (*Gesetze* 10, 909b). Doch macht die zunehmende Zahl von neuentdeckten Fluchtafeln *(defixiones)* deutlich, daß Magie alle Schichten der Gesellschaft durchdrang, ja mehrere Tafeln verfluchen führende Politiker im Athen des späten 4. Jahrhunderts.[367]

Es ist nicht leicht, den Ursachen all dieser Transformationen nachzugehen. Die Vorstellungen von den Göttern veränderten sich unter dem Einfluß von Philosophen und Dramatikern, aber das zunehmende Interesse an Privat-Religion ist viel schwieriger zu erklären. Ein wichtiger Faktor muß die allmähliche Veränderung der politischen Situation in Griechenland gewesen sein, in dem sich größere Blöcke entwickelten – etwa die Athener und die Spartaner mit ihren jeweiligen Verbündeten. Diese Entwicklung förderte auch eine zunehmende Professionalisierung eines Teiles der Oberschicht in Krieg und Politik, entfremdete aber einen anderen Teil vom öffentlichen Leben. Diese Entwicklung spiegelte sich auch in der Zunahme kultischer Ehren für die wenigen mächtigen Individuen. Während der spartanische General Brasidas erst nach seinem Tod 422 v. Chr. verehrt wurde, erhielt sein Kollege

Lysandros, das für eine Zeit das mächtigste Individuum in der östlichen Ägäis, am Ende des 5. Jahrhunderts v. Chr. auf Samos einen göttlichen Kult bereits zu Lebzeiten. Der eigentliche Herrscherkult sollte sich nicht vor Alexander dem Großen zunehmender Beliebtheit erfreuen, doch war so der Weg für eine völlig neue Beziehung zwischen den griechischen Poleis und ihren Herrschern geebnet.[368]

Fassen wir zusammen: Am Ende der klassischen Periode der griechischen Religion zeigte sie alle Anzeichen einer Religion im Übergang. Das Ritual hatte sich zwar nicht wesentlich verändert, wohl aber die Vorstellungen von den Göttern, und das Zentrum des Interesses verschob sich vom öffentlichen Kult zur privaten religiösen Praxis.[369] Doch war die traditionelle Struktur noch immer recht stark und sollte nur langsam von neuen Elementen wie dem Herrscherkult, der zunehmenden Stratifizierung der Gesellschaft und der fortwährenden philosophischen Kritik transformiert werden.[370] Der Sieg des Christentums war noch weit entfernt.

ANHANG

Der Ursprung der griechischen Religion

Als zu Beginn des 2. Jahrtausends v. Chr. Gruppen von indoeuropäischen Plünderern in Griechenland einfielen, kamen sie nicht ohne ihr religiöses Gepäck. Ja, es ist vielmehr sogar überraschend, wie viele Merkmale der späteren klassischen Religion und Kultpraxis auf dieses frühe Erbe zurückgehen. Linguisten haben erschlossen, daß die frühen Indo-Europäer eine göttliche Familie anbeteten, die aus einem Himmelsvater *(*dyeus pater)*, seiner Gemahlin, der Erdgöttin *(*pltwi mater)*, einer Himmelstochter *(*diwos dhugeter)* und einem Zwillingspaar von Himmelssöhnen *(*diwos sûnû)* bestand.[371] Dies alles sind nun auch Figuren des späteren griechischen Pantheons: Der HImmelsvater ist Zeus, noch immer der prominenteste Gott; der alte Name seiner Gattin hingegen blieb nur in einer kleinen Stadt, im boiotischen Plataiai erhalten.[372] Im alten Indien war die Himmelstochter die Morgendämmerung, Usas, deren Namen im Griechischen als Eos bewahrt bliebt, doch ist sie nun nicht mehr eine ›Tochter des Zeus‹; dieser Titel galt jetzt vielmehr für andere Göttinnen wie Athene und Artemis. Schließlich überlebten die Zwillingssöhne als Dioskuren *(Dios-kouroi)*, deren Name die Tatsache widerspiegelt, daß sie bereits in vorhomerischer Zeit zu Vorbildern für die *kouroi* genannte militärische Altersgruppe der Jungen nach dem Heranwachsen geworden waren.[373] In einigen Fällen stellen wir also eine Kontinuität nicht der Struktur, sondern des Namens fest, in anderen eine der Struktur, nicht des Namens, doch ist es wichtig festzuhalten, daß in all diesen Fällen Kontinuität nicht als völlig statisch zu verstehen ist: Jede Tradition muß ja immer wieder neu erworben werden.

Die Plünderer hatten auch ein Vokabular für das Heilige, denn sowohl *hagnos* als auch *hieros* gehen auf indo-europäische Zeiten zurück.[374] Sie beteten mit erhobenen Händen und praktizierten Trankopfer: Das griechische Wort dafür, *sponde*, leitet sich von der indo-europäischen Wurzel **spend* ab, die ›ein Trankopfer spenden‹ bedeutet, und das griechische *choe*, ›Guß‹ ist mit dem Sanskrit-Wort *hotra*, ›Opfer‹, und dem iranischen *zaotar* ›Opfer-Priester‹, verbunden.[375] Walter Burkert hat vorgeschlagen, daß die Eindringlinge auch Tieropfer praktizierten und verweist dazu auf den Ausdruck *hekatombe*, der einen Vorgang bezeichne, der ›hundert Ochsen einbringe‹. Doch ist die bisher vorgeschlagene Etymologie und damit die Interpretation dieses Begriffs nicht überzeugend, so daß wir die Frage der Tieropfer offen lassen müssen.[376]

Schließlich brachten die Eindringlinge auch eine poetische Tradition mit, die nicht nur Mythen über große Helden und die Hauptinteressen ihrer Gesellschaft (s. Kapitel 5, 2) tradierte,[377] sondern auch Überlieferungen über die Götter beinhaltete; ihr homerisches Beiwort *doteres eaon*, ›Geber guter Dinge‹, legt jedenfalls nahe, daß die Dichter die Gaben der Götter besangen.[378] Der gleiche Schluß ergibt sich wohl daraus, daß in den Linear-B-Texten Formeln wie ›Mutter der Götter‹ und ›Drimios, der Sohn des Zeus‹ belegt sind, die eine Göttergenealogie voraussetzen.[379]

Nach ihrer Invasion des Festlands verschmolzen diese Proto-Griechen mit der bestehenden Bevölkerung, über deren religiöse Tradition es nicht viel zu sagen gibt, da keine frühen Texte oder Bilder erhalten sind. Die Linear-B-Texte auf den Tontäfelchen, die durch die Brände erhalten geblieben sind, welche im 14. und 13. Jahrhundert v. Chr. die minoischen und mykenischen Paläste zerstörten, weisen bereits aufeinvereinigtes Pantheon hin, das sowohl indoeuropäische als auch autochthone Götter in sich aufgenommen hat: Zeus, aber auch Athene und Hera. Wir sehen hier bereits die Umrisse der späteren griechischen Religion. Wie aber steht es mit dem Einfluß des minoischen Kreta oder dem von Thera (Santorini), wo die Entdeckung von Wandfresken den einstigen Glanz der Kultur gezeigt hat? Die geduldige Arbeit der Archäologen macht zunehmend deutlich, daß minoische Elemente auf dem Festland eher eine Art Furnier denn ein integrierter Bestandteil des religiösen Systems waren. Im Gegensatz zu einer lange verbreiteten Forschungsmeinung gab es wohl nie eine minoisch-mykenische Religion:[380] das kretische Vermächtnis an die griechische Religion war verhältnismäßig klein, wenn auch nicht völlig zu vernachlässigen.[381]

Besonders während des archaischen Zeitalters erlebte Griechenland einen beträchtlichen religiösen Einfluß aus dem Orient (s. Kapitel 1, 3). Es ist nicht unwahrscheinlich, daß sich etwa das aus Homer geläufige Bild der Götterversammlung oder auch das Phänomen der Götterbeinamen, etwa des ›Wolkensammlers‹ Zeus, aus dem orientalischen Epos ableiteten. Auf der Ebene des Rituals scheint es orientalische Wanderheiler und -seher gegeben zu haben, die eindeutig als orientalisch erkennbare rituelle Techniken nach Griechenland einführten, etwa die Leberschau (die Weissagung aus der Gestalt der Leber geopferter Tiere),[382] Gründungsopfer, Reinigungsriten und Magie.[383] So war also die griechische Religion das Ergebnis einer Kombination vieler Traditionen.[384]

Anmerkungen

In den Anmerkungen werden folgende Quelleneditionen abgekürzt zitiert:

FGrHist = F. Jacoby, *Die Fragmente der griechischen Historiker* (Berlin, später Leiden, 1923-58)
HGIÜ I = K. Brodersen, W. Günther und H.H. Schmitt, *Historische griechische Inschriften in Übersetzung* I (Darmstadt 1992)
ICret = M. Guarducci, *Inscriptiones Creticae* I-IV (Rom 1935-50)
IG = *Inscriptiones Graecae* (Berlin seit 1873)
P. Oxy. = Papyri from Oxyrhynchos (London seit 1898)
SEG = *Supplementum epigraphicum Graecum* (Leiden, später Amsterdam, seit 1923)

Außerdem werden folgende häufig zitierte Werke abgekürzt:
Bremmer, *IGM* = J. Bremmer (Hrsg.), *Interpretations of Greek Mythology* (London ^{3}1990)
Bruit/Schmitt, *RG* = L. Bruit Zaidman und P. Schmitt Pantel, *Die Religion der Griechen* (München 1994)
Burkert, *GR* = W. Burkert, *Griechische Religion der archaischen und klassischen Epoche* (Stuttgart 1977)
Burkert, *HN* = W. Burkert, *Homo necans* (Berlin und New York 1972)
DDD = K. van den Toorn, B. Becking, P.W. van der Horst (Hrsg.), *Dictionary of Deities and Demons in the Bible* (Leiden 1995)
Dowden, *DM* = K. Dowden, *Death and the Maiden* (London 1989)
Graf, *NK* = F. Graf, *Nordionische Kulte* (Rom 1985)
Graf, *GM* = F. Graf, *Griechische Mythologie* (Zürich ^{3}1991)
LIMC = *Lexicon Iconographicum Mythologiae Classicae* (Zürich, seit 1981)
OCD^{3} = S. Hornblower und A. Spawforth (Hrsg.), *The Oxford Classical Dictionary* (Oxford ^{3}1996)
Parker, *Miasma* = R. Parker, *Miasma. Pollution and Purification in Early Greek Religion* (Oxford 1983)
Versnel, *IGRR* 1 bzw. 2: H.S. Versnel, *Inconsistencies in Greek and Roman Religion* 1: *Ter Unus* (Leiden 1990); 2: *Transition & reversal in myth & ritual* (Leiden 1993).

Kapitel 1

[1] Dies wurde erstmals dargelegt in einer beispielhaften Untersuchung der Aphrodite in Locri Epizephyrii durch C. Sourvinou-Inwood, ›*Reading Greek Culture*‹. *Texts and Images, Rituals and Myths* (Oxford 1991), 147-88 (= *Journal of Hellenic Studies* 98, 1978, 101-21); s. auch S. Sherwin-White, *Ancient Cos* (Göttingen 1978), 290-373; A. Schachter, *Cults of Boiotia*, 3 Bde. (London 1981-86); Graf, *NK*; M. Jost, *Sanctuaires et cultes d'Arcadie* (Paris 1985); R. Parker, ›Spartan Religion‹, in A. Powell (Hrsg.), *Classical Sparta* (London 1989), 142-72; Ders. *Athenian Religion: A History* (Oxford 1996).

[2] Zu diesem Einfluß s. inbesondere G. Nagy, *Pindar's Homer: The Lyric Possession of an Epic Past* (Baltimore 1990) und *Greek Mythology and Poetics* (Ithaca 1990), 36-82.

[3] Nützlich waren mir die anregenden kurzen Einführungen in die griechische Religion von W. Burkert, in *Theologische Realenzyklopädie* XIV (Berlin und New York 1985), 235-53; R. Parker, in *The Oxford History of the Classical World* (Oxford 1986), 254-74; J.-P. Vernant, in M. Eliade (Hrsg.), *The Encyclopedia of Religion* 6 (New York und London 1987), 99-118; F. Graf, in H. Poser (Hrsg.), *Handbuch der Semiotik* (Berlin und New York 1996), Kapitel 42; C. Sourvinou-Inwood, in J. Bremmer (Hrsg.), *Encyclopedia of Ancient Religions* (London 1997).

[4] Dies betonen mit Recht Bruit/Schmitt, *RG*, 225 f.

[5] Die Terminologie ist die von Parker (Anm. 3), 265.

[6] Tatsächlich entwickelte sich auch unser Begriff ›Religion‹ erst nach der Reformation, vgl. T. Asad, *Genealogies of Religion* (Baltimore und London 1993), 40-43; J. Bremmer, ›»Religion«, »Ritual« and the Opposition »Sacred vs. Profane«: Notes Towards a Terminological Archaeology‹, in F. Graf (Hrsg.), *Ansichten griechischer Rituale. Festschrift Walter Burkert* (Stuttgart und Leipzig 1997).

[7] Vgl. W. Burkert, ›Herodot als Historiker fremder Religionen‹, in *Herodote et les peuples non grec = Entretiens Hardt* 35 (Vandœvres und Genf 1990, 1-32), 4; s. auch F. Mora, *Religione e religioni nelle storie di Erodoto* (Mailand 1986).

[8] Vgl. J. Bremmer, ›Literacy and the Origins and Limitations of Greek Atheism‹, in J. den Boeft und A.H.M. Kessels (Hrsg.), *Actus* (Utrecht 1982), 43-55; die Studien und bibliographischen Übersichten von M. Winiarczyk, *Philologus* 128 (1984), 157-83 und 136 (1992), 306-10; *Elenchos* 10 (1989), 103-92; *Rheinisches Museum* 133 (1990), 1-15 und 135 (1992), 216-25; *Bibliographie zum antiken Atheismus 17. Jahrhundert – 1990* (Bonn 1994); s. auch M.R. Lefkowitz, ›Was Euripides an Atheist?‹, *Studi Italiani di Filologia Classica* III 5 (1987), 149-66 und ›»Impiety« and »atheism« in Euripides' dramas‹, *Classical Quarterly* 39 (1989), 70-82; D. Obbink, ›The Atheism of Epicurus‹, *Greek, Roman, and Byzantine Studies* 30 (1989), 187-223.

[9] Vgl. dazu F. Bömer, *Untersuchungen über die Religion der Sklaven in Griechenland und Rom* 3 (Stuttgart²1990).

[10] F. Jacoby zu *FGrHist* 596 F 46; J. Bremmer, ›The Skins of Pherekydes und Epimenides‹, *Mnemosyne* IV 46 (1993), 234-36.

[11] Priesterämter: E. Kearns, ›Change and Continuity in Religious Structures after Cleisthenes‹, in P.A. Cartledge und F.D. Harvey (Hrsg.), *Crux. Essays ... presented to G.E.M de Ste. Croix* (London 1985), 188-207. Athene: B. Smarczyk, *Untersuchungen zur Religionspolitik und politischen Propaganda Athens im Delisch-Attischen Seebund* (München 1990); I.Kasper-Butz, *Die Göttin Athena im klassischen Athen* (Frankfurt a.M. 1990).

[12] So Burkert, *GR*, 403; s. auch Parker, *Miasma*, 151 f.

[13] Parker, *Miasma*, 328-31.

[14] Zum Vokabular des Heiligen s. Parker, *Miasma*, 147-50; A. Dihle, *Jahrbuch für Antike und Christentum* Suppl. 11 (1985), 107-11 und *Reallexikon für Antike und Chri-*

stentum XIV (1988), 1-16; A. Motte, ›L'expression du sacré dans la religion grecque‹, in J. Ries (Hrsg.), *L'expression du sacré dans les grandes religions* 3 (Louvain-la-Neuve 1986), 109-256; J. Nuchelmans, ›A propos de *hagios* avant l'époque hellénistique‹, in A. Bastiaensen u.a. (Hrsg.), *Fructus centesimus. Mélanges G.J.M Bartelink* (Steenbrugge und Dordrecht 1989), 239-58.

[15] So Parker, *Miasma,* 153 (auch über Kränze), 323, 330 *(hosios);* W.R. Connor, ›»Sacred« and »Secular«. *Hiera kai hosia* and the Classical Athenian Concept of the State‹, *Ancient Society* 19 (1988), 161-88.

[16] Vgl. B. Alroth, *Greek Gods and Figurines* (Uppsala 1989), 64-105, mit der Rezension von F.T. van Straten, *Opuscula Atheniensia* 19 (1992), 194 f.

[17] *Pistis:* D.R. Lindsay, *Josephus and Faith* (Leiden 1993); Konvertiten: R. MacMullen, *Changes in the Roman Empire* (Princeton 1990), 130-41 und 322-27.

[18] Vgl. B. Gladigow, ›*Chresthai theois.* Orientierungs- und Loyalitätskonflikte in der griechischen Religion‹, in C. Elsas und H.G. Kippenberg (Hrsg.), *Loyalitätskonflikte in der Religionsgeschichte* (Würzburg 1990), 237-51.

[19] Eine Erörterung der Auffassung der »Liebe zu Gott« von der klassischen bis in die frühchristliche Zeit bietet T. Söding, ›Das Wortfeld der Liebe im paganen und biblischen Griechisch‹, *Ephemerides Theologicae Lovanienses* 68 (1992), 284-330.

[20] K.J. Dover, *Greek Popular Morality in the Time of Plato and Aristoteles* (Oxford 1974), 246-54; C. Watkins, in P. Baldi (Hrsg.), *Linguistic Change and Reconstruction Methodology* (Berlin und New York 1990), 297 (Etymologie).

[21] Versnel, *IGRR* 1, 123-31; D. Cohen, *Law, Sexuality, and Society. The Enforcements of Morals in Classical Athens* (Cambridge 1991), 203-17. Prozesse: K.J. Dover, *The Greeks and Their Legacy* (Oxford 1988), 135-58; W.R. Connor, ›The Other 399: Religion and the Trial of Socrates‹, in M.A. Flower und M. Toher (Hrsg.), *Georgica. Greek Studies in Honour of George Cawkwell* (London 1991), 49-56.

[22] P. Garnsey, ›Religious Toleration in Classical Antiquity‹, in W.J. Sheils (Hrsg.), *Persecution and Toleration* (Oxford 1984), 1-27.

[23] D. Flückiger-Guggenheim, *Göttliche Gäste. Die Einkehr von Göttern und Heroen in der griechischen Mythologie* (Bern und Frankfurt a.M. 1984).

[24] Ödipus: J. Bremmer, ›Oedipus and the Greek Oedipus Complex‹, in Bremmer, *IGM,* 41-59. Spartaner: Herodot 1, 128, vgl. Parker, *Miasma,* 184. Allgemein s. W. Speyer, *Frühes Christentum im antiken Strahlungsfeld* (Tübingen 1989), 254-63.

[25] S. die innovative Untersuchung von Th.C.W. Oudemans und A. Lardinois, *Tragic Ambiguity* (Leiden 1987) mit den Rezensionen von S. Goldhill, *Classical Review* 38 (1988), 396 f. (zu negativ), R. Buxton, *Journal of Hellenic Studies* 109 (1989), 216 f. und H. van Looy, *L'Antiquité classique* 58 (1989), 256-58.

[26] Unreinheit: Parker, *Miasma;* dazu G. Neumann, ›*Katharós* »rein« und seine Sippe in den ältesten griechischen Texten‹, in H. Froning u.a. (Hrsg.), *Kotinos. Festschrift Erika Simon* (Mainz 1992), 71-75. Die römische Religion scheint sich der Idee der Unreinheit in weit geringerem Umfang bedient zu haben.

[27] H.S. Versnel, ›Seff-sacrifice, Compensation and the Anonymous Gods‹, in: *Le sanctuaire grec = Entretiens Hardt* 27 (Vandœuvres und Genf 1981), 171-79; A. Hen-

richs, ›Anonymity and Polarity: Unknown Gods and Nameless Aitars at the Areopagos‹, *Illinois Classical Studies* 19 (1994), 27-58.

[28] Vgl. J. Gould, ›On making sense of Greek religion‹, in P. Easterling und J. Muir (Hrsg.), *Greek Religion und Society* (Cambridge 1985), 1-33; R.G.A. Buxton, ›Bafflement in Greek Tragedy‹, *Metis* 3 (1988), 41-51.

[29] Zur Entwicklung der Überzeugungen und Einstellungen über den Tod s. C. Sourvinou-Inwood, *»Reading« Greek Death to the End of the Classical Period* (Oxford 1995). Variation: Dover, *Greek Popular Morality* (Anm. 20), 261-68.

[30] J. Bremmer, ›The Family and Other Centres of Religious Learning in Antiquity‹, in J.W. Drijvers und A.A. MacDonald (Hrsg.), *Centres of Learning* (Leiden 1995), 29-38.

[31] Vgl. J.-M. Bremer, ›Poets and Their Patrons‹, in H. Hofmann und A. Harder (Hrsg.), *Fragmenta dramatica* (Göttingen 1991), 39-60; G. Weber, ›Poesie und Poeten an den Höfen vorhellenistischer Monarchen‹, *Klio* 74 (1992), 25-77.

[32] Vgl. I.J.F. de Jong, *Narrators and Focalizers* (Amsterdam 1987), 45-53; S.R. Slings, ›Poet's Call and Poet's Status in Archaic Greece and Other Oral Cultures‹, *Listy Filologické* 119 (1989), 72-79 und ›Orality and the Poet's Profession‹, *Acta Antiqua (Budapest)* 33 (1990-92), 9-14; M. Finkelberg, ›A Creative Oral Poet and the Muse‹, *American Journal of Philology* 111 (1990), 293-303; A. Ford, *Homer. The Poetry of the Past* (Ithaca 1992), 180-97.

[33] Sprache der Götter: C. de Lamberterie, ›Grec homérique *môly:* étymologie et poétique‹, *LALIES* 6 (1988), 129-38; F. Bader, *La langue des dieux, ou l'hermétisme des poètes indo-européens* (Pisa 1989); Ford, *Homer* (Anm. 32), 175; T. Gamkrelidze und V. Ivanov, *Indo-European and the Indo-Europeans* 1 (Berlin und New York 1995), 397.

[34] S. zuletzt H.A. Hoffner, *Hittite Myths* (Atlanta 1990), 38-43; E. Neu, ›Der alte Orient: Mythen der Hethiter‹, in G. BinderundB. Effe (Hrsg.), *Mythos. Erzählende Weltdeutung im Spannungsfeld von Ritual, Geschichte und Rationalität* (Trier 1990), 90-117.

[35] Zu diesen Ableitungen aus dem alten Orient s. die faszinierende Studie von W. Burkert, *Die orientalisierende Epoche* (Heidelberg 1984); s. auch C. Auffahrt, ›Der Opferstreik: Ein altorientalisches »Motiv« bei Aristophanes und im homerischen Hymnos‹, *Grazer Beiträge* 20 (1994), 59-68.

[36] Zu den Sehern vgl. jetzt J. Bremmer, ›Prophets, Seers and Politics in Greece, Israel and Early Modern Europe‹, *Numen* 40 (1993: 150-83), 151-59 (mit umfangreicher Bibliographie); D. Lateiner, ›The Perception of Deception and Gullibility in Specialists of the Supernatural (primarily) in Athenian Literature‹, in R. Rosen und J. Farrell (Hrsg.), *Nomodeiktes. Greek Studies in Honor of Martin Ostwald* (Ann Arbor 1994), 179-95.

[37] Vgl. J.D. Mikalson, *Athenian Popular Religion* (Chapel Hill und London 1983), 96-98; Versnel, *IGRR* 1, 130.

[38] Vgl. C. Sourvinou-Inwood, ›What is *Polis* religion?‹, in O. Murray (Hrsg.), *The Greek City from Homer to Alexander* (Oxford 1990: 295-322), 304 und ›Further Aspects of Polis Religion‹, *Annali, Istituto Orientale di Napoli: Archeologia e storia* 10 (1988), 259-74.

Kapitel 2

39 Doch s. G. Sissa und M. Detienne, *La vie quotidienne des dieux grecs* (Paris 1989). Eine ausführliche historische Übersicht bietet A. Henrichs, *Die Götter Griechenlands. Ihr Bild im Wandel der Religionswissenschaft* (Bamberg 1987) = H. Flashar (Hrsg.), *Auseinandersetzungen mit der Antike* (Bamberg 1990), 116-62.

40 *Theos:* H. Rix, *Kratylos* 14 (1969 [1972]), 179 f. *Daimon:* De Jong, *Narrators and Focalizers* (Anm. 32), 158, 239 f.

41 Vgl. H. van Wees, *Status Warriors* (Amsterdam 1992), 142-49; anders H. Lloyd-Jones, *The Justice of Zeus* (Berkeley²1983); W. Kullmann, *Homerische Motive* (Stuttgart 1992).

42 Tragödie: J.D. Mikalson, *Honor Thy Gods* (Chapel Hill 1991), 17-68, eine wertvolle Studie trotz ihrer schwachen Theoriebasis; vgl. H. Yunis, *Classical Review* 43 (1993), 70-72. Komödie: Nicht hinreichend berücksichtigt von Gould, ›On Making Sense of Greek Religion‹ (Anm. 28).

43 Frivolität: Burkert, ›Götterspiel und Götterburleske in altorientalischen und griechischen Mythen‹, *Eranos-Jahrbuch* 51 (1982), 335-67; J. Griffin, *Homer on Life and Death* (Oxford 1980), 144-204 (die ernste Seite der Götter). Anthropomorphismus: J.-P. Vernant, *Mortals and Immortals*, hrsg. v. F. Zeitlin (Princeton 1991), 27-49; W. Burkert, ›Homer's Anthropomorphism: Narrative and Ritual‹, in D. Buitron-Oliver (Hrsg.), *New Perspectives in Early Greek Art* (Washington 1991), 81-91.

44 Vgl. H.S. Versnel, ›What did Ancient Man See when He saw a God? Some Reflections on Greco-Roman Antiquity‹, in D. van der Plas (Hrsg.), *Effigies Dei* (Leiden 1987), 42-55; G. Mussies, ›Identification and Self-Identification of Gods in Classical and Hellenistic Greece‹, in R. van den Broek u.a. (Hrsg.), *Knowledge of God in the Graeco-Roman World* (Leiden 1988), 1-18; B. Gladigow, ›Epiphanie, Statuette, Kultbild. Griechische Gottesvorstellungen im Wechsel von Kontext und Medium‹, *Visible Religion* 7 (1990), 98-121.

45 S. auch R. Buxton, *Imaginary Greece. The Contexts of Mythology* (Cambridge 1994), 146-49, zum markanten Charakter dieser Grenze in der Ilias.

46 Wettbewerb: I. Weiler, *Der Agon im Mythos* (Darmstadt 1974), 37-128. Liebesabenteuer: G. Piccaluga, *Minutal. Saggi di storia delle religioni* (Rome 1974), 9-35.

47 Xenophanes: s. zuletzt J. Lesher, *Xenophanes of Colophon* (Toronto 1992), 78-119. Spätere Generationen: D.C. Feeney, *The Gods in Epic* (Oxford 1991), 5-33. Herodot: W. Burkert, ›Herodot über die Namen der Götter: Polytheismus als historisches Problem‹, *Museum Helveticum* 42 (1985), 121-32.

48 J.-P. Vernant, *Mythos und Gesellschaft im alten Griechenland* (Frankfurt a.M. 1987), 109 f.

49 Vgl. A. Henrichs, ›The Tomb of Aias and the Prospect of Hero Cult in Sophokles‹, *Classical Antiquity* 12 (1993), 165-80; J. Whitley, ›The Monuments That Stood before Marathon: Tomb Cult and Hero Cult in Archaic Attica‹, *American Journal of Archaeology* 98 (1994), 213-30; C. Antonaccio, *An Archaeology of Ancestors* (Lanham 1995).

[50] Herakles: A. Verbank-Piérard, ›Le double culte d'Herakles: légende ou réalité?‹, in A.-F. Laurens (Hrsg.), *Entre hommes et dieux. Le convive, le héros, le prophète* (Paris 1989), 43-65; C. Bonnet und C. Jourdain-Annequin (Hrsg.), *Héraclès* (Brüssel und Rom 1992); E. Tagalidou, *Weihreliefs an Herakles aus klassischer Zeit* (Jonsered 1993). Prometheus: P. Pisi, *Prometeo nel culto attico* (Rome 1990); S. West, ›Prometheus Orientalized‹, *Museum Helveticum* 51 (1994), 129-49; J.-R. Gisler, *LIMC* VII.1 (1994), s.v.

[51] Aristophanes Frg. 322, übersetzt und kommentiert von Parker, *Miasma*, 243 f.

[52] Die beste moderne Untersuchung stammt von E. Kearns, *The Heroes of Attica* (London 1989); s. auch M. Visser, ›Worship your enemies: aspects of the cult of heroes in ancient Greece‹, *Harvard Theological Review* 75 (1982), 403-28; J. Larson, *Greek Heroine Cults* (London 1995).

[53] Leugnung: R. Seaford, *Classical Review* 40 (1990), 173. Hermes Agoraios: Graf, *NK*, 270; M. Osanna, ›Il culto di Hermes Agoraios ad Atene‹, *Ostraka* 1 (1992), 215-22.

[54] Namen: B. Gladigow ›Gottesnamen I‹, *Reallexikon für Antike und Christentum* XI (1981), 1102-238; F. Graf, ›Namen von Göttern im klassischen Altertum‹, in E. Eichler u.a. (Hrsg.), *Namenforschung: Ein internationales Handbuch zur Onomastik* 2 (Berlin und New York 1996).

[55] J. Bremmer, *Mnemosyne* IV 42 (1989), 263 (über die Verbindung von Leto mit der Initiation in Chios); vgl. auch Graf, *NK*, 60 f.

[56] Poseidon: C. Bérard, ›Iconographie-Iconologie-Iconologique‹, *Études de Lettres* 1983, 5-37. bes. 15-20. Athene: C. Bron, ›La gent ailée d'Athéna Poliade‹, in C. Bron und E. Kassapoglou (Hrsg.), *L'Image en jeu de l'antiquité à Paul Klee* (Lausanne 1992), 47-65; H. Shapiro, ›From Athena's Owl to the Owl of Athens‹, in Rosen/Farrell, *Nomodeiktes* (Anm. 36), 213-24. Zeus: K.W. Arafat, *Classical Zeus* (Oxford 1990), 166 bemerkt, daß der Blitzstrahl des Zeus vom späteren 5. Jahrhundert an fast völlig fehlt. Tauben: L. Robert, *Opera minora selecta* 7 (1990), 159-83; *SEG* XLII, 1789.

[57] Vgl. F.T. van Straten, ›Daikrates' Dream‹, *Bulletin Antieke Beschaving* 51 (1976: 1-38), 14-16; B. Gladigow ›Präsenz der Bilder – Präsenz der Götter. Kultbilder und Bilder der Götter in der griechischen Religion‹, *Visible Religion* 4-5 (1985-86), 114-33.

[58] Gute Beobachtungen zur Natur der griechischen Götter bei M. Jost, *Aspects de la vie religieuse en Grèce* (Paris ²1992), 1-34.

[59] C.R. Long, *The Twelve Gods of Greece and Rome* (Leiden 1987); S. Angiolillo, ›Hestia, l'edificio F e l'altare dei 12 Dei ad Atene‹, *Ostraka* 1 (1992), 171-76; K. Brodersen, *Terra Cognita* (Hildesheim und New York 1995), 254; vgl. auch R. Nünlist, *Zeitschrift für Papyrologie und Epigraphik* 99 (1993), 250 (»bei den 12 Göttern« zu schwören ist noch heute in Griechenland üblich).

[60] Vgl. Burkert, *GR*, 306-12; A. Henrichs, ›Namenlosigkeit und Euphemismus: Zur Ambivalenz der chthonischen Mächte im attischen Drama‹, in Hofmann/Harder, *Fragmenta dramatica* (Anm. 31), 161-201, bes. 162 f.; Henrichs, ›Anonymity and Polarity‹ (Anm. 27).

[61] F.T. van Straten, *Bulletin Antieke Beschaving* 49 (1974), 187-89 (Altäre); S. Scullion, ›Olympian and Chthonian‹, *Classical Antiquity* 13 (1994), 75-119; R. Schlesier, *Kulte,*

Mythen und Gelehrte. Anthropologie der Antike seit 1800 (Frankfurt a. M. 1994), 21-32. Zeus Meilichios: Graf, *NK*, 24, 204 f.

[62] Vernant, *Mythos* (Anm. 48), 94-112 (›Die Gesellschaft der Götter‹); Bruit/Schmitt, *RG*, 179-214; A.-F. Laurens und F. Lissarrague, ›Entre dieux‹, *Metis* 5 (1990 [1992]), 53-73 (Sophilos).

[63] S. allgemein H. Verbruggen, *Le Zeus crétois* (Paris 1981); Arafat, *Classical Zeus* (Anm. 56); *DDD*, s.v. Zeus (F. Graf).

[64] Dione: E. Simon, *LIMC* III.1 (1986), s.v; G. Dunkel, ›Vater Himmels Gattin‹, *Die Sprache* 34 (1988-90: 1-26), 16 f. Hera: C.J. Ruijgh, ›Le Mycénien et Homère‹, in A. Morpurgo Davies und Y. Duhoux (Hrsg.), *Linear B: a 1984 Survey* (Louvain-la-Neuve 1985), 143-90, bes. 154 f. (Name); Graf, *NK*, 206 (Ehe); H. Kyrieleis, ›The Heraion at Samos‹, in N. Marinatos und R. Hägg (Hrsg.), *Greek Sanctuaries. New Approaches* (London 1993: 125-53), 141-43 (Schiffe). S. allgemein A. Kossatz-Deissmann, *LIMC* V.1 (1990), s.v.

[65] Talisman: C.A. Faraone, *Talismans & Trojan Horses. Guardian Statues in Ancient Greek Myth and Ritual* (New York 1992). Polias/Poliouchos: Graf, *NK*, 44, 181 f., 209 (Phratrie-Listen). Athene und Initiation: C. Calame, *Les chœurs de jeunes filles* 1 (Rome 1977), 232-41; F. Graf, ›Die lokrischen Mädchen‹, *Studi Storico-Religiosi* 2 (1978), 61-79.

[66] G. Colbow *Die kriegerische Ištar. Zu den Erscheinungsformen bewaffneter Gottheiten zwischen der Mitte des 3. und der Mitte des 2. Jahrtausends* (München 1991).

[67] Athena Ergane: Graf, *NK*, 211 f. Klugheit gegen Gewalt: M. Detienne und J.-P. Vernant, *Cunning Intelligence in Greek Culture and Society* (Hassocks 1978), 187-213 (grundlegend). S. allgemein P. Demargne, *LIMC* II.1 (1984), s.v. *DDD*, s.v. Athena (F. Graf).

[68] Etymologie: A. Heubeck, *Glotta* 65 (1987), 179-82. Initiation: M. Jameson, ›Apollo Lykeios in Athens‹, *Archaiognosia* 1 (1980), 213-36; Graf, *NK*, 56 f. (Delphinios), 220-27 (Lykeios). Musik: S. Sarti, ›Gli strumenti musicali di Apollo‹, *Annali, Istituto Orientale di Napoli: Archeologia e storia* 14 (1992), 95-104. S. allgemein W. Lambrinudakis, *LIMC* II.1 (1984), s.v.; innovativ dazu Versnel, *IGRR* 2, 289-334.

[69] Zu Wilamowitz' recht persönlicher Sicht griechischer Religion s. A. Henrichs, ›»Der Glaube der Hellenen«: Religionsgeschichte als Glaubensbekenntnis und Kulturkritik‹, in W.M. Calder III u.a. (Hrsg.), *Wilamowitz nach 50 Jahren* (Darmstadt 1985), 262-305 (Artemis: 302 f.).

[70] Calame, *Chœurs* 1 (Anm. 65), passim; Graf, *NK*, 52 (Knaben), 237 f. (Mädchen), 243-49 (Unordnung/Ordnung), 414 f. (Knaben); Dowden, *DM*, passim.

[71] Graf, *NK*, 228-43 (Phosphoros, Soteira). S. allgemein L. Kahil, *LIMC* II.1 (1984), s.v.; Vernant, *Mortals and Immortals* (Anm. 43), 195-257.

[72] J. Bremmer, ›»Effigies dei« in Ancient Greece: Poseidon‹, in Van der Plas, *Effigies Dei* (Anm. 44), 35-41; E. Simon, *LIMC* VII.1 (1994), s.v.

[73] Poseidon und Demeter: N. Papakatzis, *Archaiologike Ephemeris* 127 (1988), 1-4; W. Burkert, *Structure and History in Greek Mythology and Ritual* (Berkeley u.a. 1979), 127 f.; W. Doniger O'Flaherty, *Women, Androgynes, and Other Mythical Beasts* (Chica-

go und London 1980), 166-212 (interessante Parallelen, unwahrscheinliche Interpretationen). Pferd: *P.Oxy.* 61, 4096, Frg. 10.

[74] Ein kürzlich publizierter lateinscher Papyrus mit dem Alkestis-Mythos bietet ein weiteres Zeugnis für die Tradition, daß Demeter auch in den Hades abstieg, um Persephone zu finden; vgl. G. Harrison und D. Obbink, ›Vergil, Georgics I 36-39 and the Barcelona Alcestis‹, *Zeitschrift für Papyrologie und Epigraphik* 63 (1986), 75-81.

[75] L. Farnell, *Cults of the Greek State* 3 (Oxford 1907), 68-75; dazu noch Herodot 7, 153 (Deinomeniden), Strabon 14, 1, 3 (Ephesos) und ihr Beiname Patroie in Thasos (*SEG* XXI 766).

[76] Anders Burkert (Anm. 3), 240. Demeter: Burkert, *GR*, 247-51; G. Sfameni Gasparro, *Misteri e culti mistici di Demetra* (Rom 1986); L. Beschi, *LIMC* IV.1 (1988), s.v.; M. Lambert, ›Nomkhubulwana: the Zulu Demeter‹, *Akroterion* 35 (1990), 46-59. Poseidon: O. Gruppe, *Griechische Mythologie und Religionsgeschichte* II (München 1906), 1138.

[77] E. Hallager u.a., ›New Linear B Tablets from Khania‹, *Kadmos* 31 (1992), 61-87; zur Etymologie seines Namens s. G. Dunkel, in: H. Hettrich u.a. (Hrsg.), *Verba et structurae: Festschrift Klaus Strunk* (Innsbruck 1995), 10-15.

[78] Ausgezeichnete Überblicksdarstellungen: A. Henrichs, ›Loss of Self, Suffering, Violence: The Modern View of Dionysus from Nietzsche to Girard‹, *Harvard Studies in Classical Philology* 88 (1984), 205-40 und ›»He Has a God in Him«: Human and Divine in the Modern View of Dionysus‹, in: T. Carpenter und C. Faraone (Hrsg.), *Masks of Dionysus* (Ithaca 1993: 13-43), 31-39 (Vernant und seine Schule). S. auch H. Cancik, *Dioniso in Germania* (Rom 1988).

[79] Keine Maske: C. Bérard und C. Bron, ›Dionysos, le masque impossible‹, in F. Besbi (Hrsg.), *Dionysos: mito e mistero* (Ferrara 1991), 309-20; J.-M. Paillier, ›Dionysos avec ou sans masque?‹, *Pallas* 42 (1995), 105-12. Polaritäten spät belegt: Henrichs, ›Loss of Self‹ (Anm. 78), 235 Anm. 85. Verweichlicht: J. Bremmer, ›Dionysos travesti‹, in A. Moreau (Hrsg.), *L'Initiation* 1 (Montpellier 1992), 189-98.

[80] Agrionia: Graf, *NK*, 79 f.; Dowden, *DM* 82-85. ›Gefährlicher‹ Dionysos: Graf, *NK*, 74-96; dazu jetzt *P.Oxy.* 53, 3711 (lokale Erklärung des Beinamens Omestes).

[81] R. Seaford, *Euripides: Cyclops* (Oxford 1984); T. Carpenter, *Dionysian Imagery in Archaic Art* (Oxford 1986); A. Henrichs, ›Myth Visualized: Dionysos and His Circle in Sixth-Century Attic Vase-Painting‹, in *Papers on the Amasis Painter and His World* (Malibu 1987), 92-123; F. Lissarrague, ›The Sexual Life of Satyrs‹, in D.Halperin u.a., *Before Sexuality* (Princeton 1990), 53-81; G.M. Hedreen, *Silens in Attic Black-Figure Vase-Painting* (Ann Arbor 1992).

[82] Graf, *NK*, 285-93; dazu S.G. Cole, *Greek, Roman, and Byzantine Studies* 21 (1980), 226-31; A. Bierl, *Dionysos und die griechische Tragödie* (Tübingen 1991), 228 f., mit der Rezension von G. Casadio, *Quaderni di Storia* 38 (1993), 185-98. Zur Rolle des Dionysos in der Tragöde s. auch S. des Bouvrie, ›Creative Euphoria. Dionysos and the Theatre‹, *Kernos* 6 (1993), 79-112.

[83] Aphrodite: E.R. Dodds, *Euripides: Bacchae* (Oxford²1960), 123. Artemis: Graf, *NK*, 242 f. Apollo: Burkert, *HN*, 141-142; Gasparri, *LIMC* I.1 (1981), s.v. 467 f.; C. Calame, *Thésée et l'imaginaire Athénien* (Lausanne 1990), 364-69.

[84] Zu Dionysos im allgemeinen s. A. Henrichs, ›Changing Dionysiac Identities‹, in B. Meyer und E. Sanders (Hrsg.), *Jewish and Christian Selfdefinition* 3 (London 1982), 137-60, 213-36; C. Gasparri, *LIMC* III.1 (1986), s.v.; Versnel, *IGRR* 1, 96-205; Carpenter/Faraone, *Masks of Dionysus* (Anm. 78); *DDD*, s.v. Dionysos (F. Graf); *OCD*[3], s.v. Dionysos (A. Henrichs); J. Bremmer, ›Enigmatic Dionysus‹, *History of Religions*.

[85] *DDD*, s.v. Hades (J. Bremmer); *OCD*[3], s.v. Hades (A. Henrichs); H.A. Shapiro, *Personifications in Greek Art* (Kilchberg und Zürich 1993); Ders., *Art and Cult under the Tyrants in Athens. Supplement* (Mainz 1995), 1-14 (Hephaistos).

[86] Anders Bruit/Schmitt, *RG*, 187 (das griechisch Pantheon sei »eine Konstruktion ... voller Logik«).

[87] Zu diesem zwiespältigen Charakter mancher griechischer Gottheiten s. auch Oudemans/Lardinois, *Tragic Ambiguity* (Anm. 25), 95 f.

[88] P. Wathelet, ›Dionysos chez Homère ou la folie divine‹, *Kernos* 4 (1991), 61-82.

[89] Wir müssen jedoch stets darauf achten, den Kontext einzubeziehen, da Dionysos in den Gelageszenen regelmäßig einen zentralen Ort einnimmt.

[90] Vasen: Laurens/Lissarrague, ›Entre dieux‹ (Anm. 62); Arafat, *Classical Zeus* (Anm. 56), 177 f. (Zeus); Ph. Bruneau, *LIMC* II.1 (1984), 491 (Ares). Hermes: G. Siebert, *LIMC* V.1 (1990), s.v.; C. Miquel, ›Images d'Hermès‹ und J.-L. Durand, ›L'Hermès multiple‹, in Bron/Kassapoglou, *L'Image en jeu* (Anm. 56), 13-23 bzw 25-34.

[91] Vgl. L. Käppel, *Paian* (Berlin und New York 1992), 206-84.

[92] Namen: P.M. Fraser, E. Matthews u.a., *A Lexicon of Greek Personal Names* I, II (Oxford 1990, 1994); F. Mora, ›Theophore Namen als Urkunden lokaler Religion‹, in H.G. Kippenberg und B. Luchesi (Hrsg.), *Lokale Religionsgeschichte* (Marburg 1995), 101-17. Delos: M. Micheli, ›La statua di Apollo Delios, opera di Tektaios e Angelion‹, *Prospettiva* 78 (1995), 2-21. Chios: Graf, *NK*, 74-97. 125 f.

[93] Burkert, *GR*, 282-292; Bruit/Schmitt, *RG*, 180 (»Die Götter sind Mächte und nicht Personen«); s. auch Oudemans/Lardinois, *Tragic Ambiguity* (Anm. 25), 94: »Griechische Götter sind keine eindeutigen Individuen, sondern Foci divergenter kosmologischer Oppositionen«.

Kapitel 3

[94] Eine recht kurze Übersicht bei Burkert, *GR*, 142-63; dazu jetzt sein Aufsatz ›The Meaning and Function of the Temple‹, in M.V. Fox (Hrsg.), *Temple in Society* (Winona Lake 1988), 27-47 und ›Greek Temple Builders: Who, Where, and Why?‹, in R. Hägg (Hrsg.), *The Role of Religion in the Early Polis* (Stockholm 1996). Drei informative Sammlungen: *Le sanctuaire grec* (Anm. 27); Marinatos/Hägg, *Greek Sanctuaries* (Anm. 64) mit guter Bibliographie von E. Østby (192-227); S. Alcock und R. Osborne (Hrsg.), *Placing the Gods* (Oxford 1994).

[95] C. Sourvinou-Inwood, ›Early sanctuaries, the eighth century and ritual space‹, in Marinatos/Hägg, *Greek Sanctuaries* (Anm. 64), 1-17. bes. 8. Zum Vokabular der Heiligtümer s. M. Casevitz in G. Roux (Hrsg.), *Temples et sanctuaires* (Lyon 1984), 81-95.

[96] J.N. Coldstream, ›Greek Temples: Why and Where?‹, in Easterling/Muir, *Greek Religion and Society* (Anm. 28), 67-97; R. Schmitt, *Handbuch zu den Tempeln der Griechen* (Bern 1992). Tempel ohne Dach: M.-C. Hellmann, ›Les ouvertures des toits ou retour sur le temple hypèthre‹, *Revue Archéologique* 1993, 73-90.

[97] Wasser: G. Panessa, ›Le risorse idriche dei santuari greci nei loro aspetti giuridici ed economici‹, *Annali della Scuola Normale di Pisa* III 13 (1983), 359-87; S.G. Cole, ›The uses of water in Greek sanctuaries‹, in R. Hägg, *Early Greek Cult Practice* (Stockholm 1988), 161-65. Baum: Burkert, *GR*, 144 f. Hain: J. Scheid u.a., *Les bois sacrés* (Neapel 1993). Stein: Dowden, *DM*, 138-40.

[98] Altäre: R. Etienne und M.-Th. le Dinahet (Hrsg.), *L'espace sacrificiel dans les civilisations méditerranéennes de l'antiquité* (Paris 1991); R. Étienne, ›Autels et sacrifices‹, in *Sanctuaire grec* (Anm. 27), 291-312. Ohne Tempel: Sourvinou-Inwood (Anm. 95), 16 Anm. 60 (z.B. kein Tempel im Delphinion von Milet vor den Römern).

[99] H. Jung, *Thronende und sitzende Götter* (Bonn 1982); dazu noch Graf, *NK*, 44 f.

[100] Vgl. U. Kron, ›Heilige Steine‹, in Froning, *Kotinos* (Anm. 26), 56-70; V. Fehrentz, ›Der antike Agyieus‹, *Jahrbuch des deutschen archäologischen Instituts* 108 (1993), 123-96.

[101] Vgl. A.A. Donohue, *Xoana and the Origins of Greek Sculpture* (Atlanta 1988), 226 f.

[102] Graf, *NK*, 81-96; Versnel, *IGRR* 2, Index s.v. ›chained gods‹. Götterstatuen sind nicht genug erforscht, doch s. R. Gordon, *Art History* 2 (1979), 5-34; I.B. Romano, ›Early Greek Cult Images and Cult Practices‹, in Hägg, *Early Greek Cult Practice* (Anm. 97), 127-33; A. Larcher, ›Gemalte Götterstatuen. Ein Beitrag zur Ikonographie der pompejanischen Wandmalerei‹, in B. Otto und F. Ehrl (Hrsg.), *Echo. Festschrift J.B. Trentini* (Innsbruck 1990), 197-208; B. Alroth, ›Changing Modes in the Representation of Cult Images‹, in R. Hägg (Hrsg.), *The Iconography of Greek Cult in the Archaic and Classical Periods* (Athen und Lüttich 1992), 9-46.

[103] Graf, *NK*, 40 (Rufen), 214 (Athene-Priester). Vögel: Euripides, *Ion* 106-09; J. Maxmin, *Journal of Hellenic Studies* 95 (1975), 175-80 (›Schirme‹ aus Metall zum Schutz der Statuen); P. Danner, ›*Meniskoi* und *Obeloi* Zum Schutz von Statuen und Bauwerken vor den Vögeln‹, *Jahreshefte des Österreischen Archäologischen Instituts Wien* 62 (1993: Hauptblatt), 19-28.

[104] Vgl. A.G. Mantis, *Problemata tes eikonographias ton iereion kai ton iereon sten archaia Ellenike techne* (Athen 1990), 28-65 (Schlüssel), 82-96 (Ikonographie der Priester), 114 f. (Katalog erhaltener Schlüssel); R. Garland, ›Priests und Power in Classical Athens‹, in M. Beard und J. North (Hrsg.), *Pagan Priests* (London 1990: 75-91), 77-81; in diesem Buch Kapitel 1, 3.

[105] Heranwachsende: J. Bremmer, ›The role of the temple in Greek initiatory ritual‹, in *Actes du VIIe Congres de la F.I.E.C.* I (Budapest 1983), 121-24. Identifikation: C. Bérard, ›Hommes, prêtres, dieux‹, in J. Waardenburg (Hrsg.), *L'Islam: une religion* (Genf 1989), 95-120.

[106] Vgl. E. Kearns, ›Between God and Man: Status and Function of Heroes and Their Sanctuaries‹, in *Sanctuaire grec* (Anm. 27), 65-99, bes. 65-68. Heroen als Krieger: Aristophanes, Frg. 240; Van Straten (Anm. 61), 187-89 (auch über Altäre).

[107] Zu diesen Rollen s. inbesondere F. de Polignac, *La naissance de la cité grecque* (Paris 1984; engl. Neuausgabe als *Cults, Territory and the Origins of the Greek City State*, Chicago 1995), ›Mediation, Competition, and Sovereignty: The Evolution of Rural Sanctuaries in Geometric Greece‹, in Alkock/Osborne, *Placing the Gods* (Anm. 94), 3-18; C. Morgan, *Athletes and Oracles* (Cambridge 1990) und ›The origins of pan-Hellenism‹, in Marinatos/Hägg, *Greek Sanctuaries* (Anm. 64), 18-44.

[108] Lage der Heiligtümer in Großgriechenland: I. Edlund, *The Gods and the Place* (Stockholm 1987); G. Pugliese Carratelli (Hrsg.), *Magna Grecia* 3 (Milano 1988), 149-58. Griechenland und die Ägäis: A. Schachter, ›Policy, Cult, and the Placing of Greek Sanctuaries‹, in *Sanctuaire Grec* (Anm. 27), 1-57; Osborne/Alcock, *Placing the Gods* (Anm. 94).

[109] Dies wird überzeugend dargelegt von F. Graf, ›Culti e credenze religiose della Magna Grecia‹, *Atti Taranto* 21 (Neapel 1982: 157-85), 166.

[110] Athene: Burkert, *GR*, 220; Graf, *NK*, 44. Zeus: Graf, *NK*, 182, 197, 202 f. (Berge); M. Langdon, *A Sanctuary of Zeus on Mount Hymettos* (Princeton 1976); M.L. Zimmerman Munn, ›The Zeus Sanctuary on Mt Kokkygion above Hermion, Argolis‹, *American Journal of Archaeology* 90 (1986), 192 f.; Alcock/Osborne, *Placing the Gods* (Anm. 94), 253-55 (S. Alcock).

[111] Graf, ›Apollon Delphinios‹, *Museum Helveticum* 36 (1979), 2-22 (nahe am Meer oder auf der Agora); Graf, *NK*, 222 (Apollon Lykeios auf der Agora).

[112] Vgl. S.G. Cole, ›Demeter in the Ancient Greek City and its Countryside‹, in Alcock/Osborne, *Placing the Gods* (Anm. 94), 199-216. Die Lage des Demeter-Heiligtums auf einer Akropolis (Theben, Mytiline, Lepreon) mag sich aus der Verbindung dieser Göttin mit der politischen Macht ableiten; s. hier Kapitel 2, 3.

[113] Tor: Pausanias 2, 5, 4 (Korinth), 2, 18, 3 (Argos, vgl. M. Piérart, *Bulletin de Correspondance Hellénique* 106, 1982, 141-9), 2, 35, 11 (Hermione); allgemein s. R. Olmos, *LIMC* III.1 (1986), s.v. – Dagegen Kearns, ›Between God and Man‹ (Anm. 106), 74, die freilich die Abnormalität des Opfertiers (ein Hund: s. Kapitel 4, 2) der Göttin und die übliche Lage von Geburtsgöttinnen außerhalb der Stadt (Graf, *NK*, 421 f.) übersieht.

[114] Poseidons Heiligtümer liegen oft nahe am Meer, aber auch in den Bergen; vgl. J. Bremmer, ›Poseidon‹ (Anm. 72) und R. Schumacher, ›Three related sanctuaries of Poseidon: Geraistos, Kalaureia and Tainaron‹, in Marinatos/Hägg, *Greek Sanctuaries* (Anm. 64), 62-87.

[115] Es gab keine Dionysos-Tempel in der klassischen Zeit, doch legt der Name seines Heiligtums in Athen, *en limnais*, »in den Sümpfen«, wenigstens ursprünglich eine Lage außerhalb der Stadt nahe, wie auch die Vasenbilder, die Dionysos-Heiligtümer oft als Höhlen darstellen; vgl. C. Bérard, ›*Axie taure*‹, in *Mélanges ... Paul Collart* (Lausanne 1976), 61-73.

[116] R. Hägg, in M. Piérart (Hrsg.), *Polydipsion Argos* (Paris 1992), 14-16 (Argos); E. Lattanzi, in *Cahiers du Centre Jean Bérard* 16 (Neapel 1991), 67-71 (Kroton); K. Junker, *Der ältere Tempel im Heraion am Sele* (Köln 1993: Paestum); H. Kyrieleis, in Marinatos/Hägg, *Greek Sanctuaries* (Anm. 64), 125 (Samos); A. Corso, *Annali della Scuola*

Archeologica di Atene 62 (1984 [1988]), 97-101 (Paros). Im allgemeinen s. Graf, ›Culti e credenze‹, 166-71.

[117] Vgl. A. Motte, *Prairies et jardins de la Grèce antique* (Brussels 1973), 94-104; P. Brulé, *La fille d'Athènes* (Paris 1987), 197-200.

[118] W. Leschhorn, *Gründer der Stadt* (Stuttgart 1984); I. Malkin, *Religion and Colonization in Ancient Greece* (Leiden 1987), 189-240; S. Hornblower, *A Commentary on Thucydides* 1 (Oxford 1991), 20 f.

[119] Faraone, *Talismans* (Anm. 65), 115 f.; J. Bremmer, ›Religious Secrets and Secrecy in Classical Greece‹, in H. Kippenberg und G. Stroumsa (Hrsg.), *Secrecy and Concealment. Studies in the History of Mediterranean and Near Eastern Religions* (Leiden 1995), 61-78.

[120] Zu den Heroen-Heiligtümern s. Kearns, ›Between God and Man‹ (Anm. 106); ihre Deutungvon Heroen an den Toren (74) überzeugt freilich nicht; vgl. auch Graf, *NK*, 173-76 (Apollon).

[121] Vgl. J.S. Rusten, ›*Geíton héros*: Pindar's Prayer to Heracles (N. 7.86-101) and Greek Popular Religion‹, *Harvard Studies in Classical Philology* 87 (1983), 289-97. bes. 296 (daraus das Zitat). Rusten hat die onomastischen Zeugnisse übersehen, die aus welchem Grund auch immer in der Megaris besonders populär waren; vgl. L. Robert, *Opera minora selecta* 5 (Amsterdam 1989), 261.

[122] Diese Aspekte sind nur ungenügend erforscht; s. aber F. Ghinatti, ›Manifestazioni votive, iscrizioni e vita economica nei santuari della Magna Grecia‹, *Studia Patavina* 30 (1983), 241-322.

[123] Vgl. F. Cooper und S. Morris, ›Dining in Round Buildings‹, und N. Bookidis, ›Ritual Dining in the Sanctuary of Demeter and Kore at Corinth: Some Questions‹, in O. Murray (Hrsg.), *Sympotica* (Oxford 1990), 66-85 bzw. 86-94.

[124] S. zuletzt F. Letoublon, ›Le vocabulaire de la supplication en grec‹, *Lingua* 52 (1980), 325-36; Parker, *Miasma*, 181-86; Mikalson, *Honor Thy Gods* (Anm. 42), 69-77.

[125] K.A. Christensen, ›The Theseion: A Slave Refuge at Athens‹, *American Journal of Ancient History* 9 (1984), 23-32; U. Sinn in Marinatos/Hägg, *Greek Sanctuaries* (Anm. 64), 88-109, *Athenische Mitteilungen* 105 (1990), 53-116 (Heraion in Perachora), und *Antike Welt* 23 (1992), 175-90 (Sunion).

[126] Vgl. R. Osborne, ›Social and economic implications of the leasing of land and property in Classical and Hellenistic Greece‹, *Chiron* 18 (1988), 279-323; C. Ampolo, ›The Economics of the Sanctuaries in Southern Italy and Sicily‹, in T. Linders und B. Alroth (Hrsg.), *Economies of Cult in the Ancient Greek World* (Uppsala 1992), 25-28; S. Isager und J. Skydsgaard, *Ancient Greek Agriculture* (London und New York 1992), 181-90.

[127] Delos: M. Brunet, *Bulletin de Correspondance Hellénique* 114 (1990), 669-82. Bäume: A. Henrichs, ›»Thou shalt not kill a tree«: Greek, Manichaean und Indian Tales‹, *Bulletin of the American Society of Papyrologists* 16 (1979), 85-108; B. Jordan und J. Perlin, ›On the Protection of Sacred Groves‹, in *Studies Presented to Sterling Dow* (Durham NC 1984), 153-59.

[128] Parker, *Miasma*, 160-66; A. Chaniotis, ›Habgierige Götter, habgierige Städte. Hei-

ligtumbesitz und Gebietsanspruch in den kretischen Staatsverträgen‹, *Ktema* 13 (1988 [1992]), 21-39.

[129] Nicht vor dem 4. Jahrhundert wurden die Schätze, die stets von der Unverletzlichkeit der Heiligtümer geschützt gewesen waren, das Objekt von Raubzügen; vgl. Parker, *Miasma*, 170-76; W. Pritchett, *The Greek State at War* 5 (Berkeley u.a. 1991), 160-68.

[130] Selinus: *SEG* XXXIV 970. Tempel als Banken: Parker, *Miasma*, 170-75; C. Ampolo, ›Fra economia, religione e politica: tesori e offerte nei santuari greci‹, *Scienze dell' Antichità* 3-4 (1989-90), 271-79; T. Linders, ›Sacred Finances: Some Observations‹, in Linders/Alroth, *Economics of Cult* (Anm. 126), 9-13.

[131] K.-J. Hölkeskamp, ›Written Law in Archaic Greece‹, *Proceedings of the Cambridge Philological Society* 38 (1992: 87-117), 99-102; Metroon: R. Thomas, *Oral Tradition & Written record in Classical Athens* (Cambridge 1989), 38-40; N. Loraux, *Die Trauer der Mütter* (Frankfurt a.M. 1992).

[132] Dodona: F. T. van Straten, ›Twee orakels in Epirus‹, *Lampas* 15 (1982), 195-230 (auch über das epirotische Nekyomanteion); R. Janko, *The Iliad: A Commentary* IV (Cambridge 1992), 350, macht die Lesart Helloi (statt Selloi) wahrscheinlich, wenngleich Archilochos Selloi hörte (Frg. 183: der Seher Selleus); vgl. F. Bossi, *Studi su Archiloco* (Bari [2]1990), 207-10. Delphi: M. Maaß (Hrsg.), *Delphi* (Sigmaringen 1996); Olympia: U. Sinn, *Olympia, (München 1996).*

[133] Amphiaraion: P. Roesch, in Roux, *Temples et sanctuaires*, 173-84. Trophoneion: P. und M. Bonnechère, *Les Études Classiques* 57 (1989), 289-302. Didyma und Klaros: H.W. Parke, *The Sanctuaries of Apollo in Asia Minor* (London 1985); J. Fontenrose, *Didyma. Apollo's Oracle, Cult and Companions* (Berkeley u.a. 1988), mit den Rezensionen von R. Parker, *Classical Review* 39 (1989), 270 f. und C. Morgan, *Hermathena* 146 (1989), 64-69; L. und J. Robert, *Claros* I (Paris 1989); J. de la Genière, ›Le sanctuaire d'Apollon à Claros; nouvelles découvertes‹, *Revue des Études Grecques* 103 (1990), 95-110; K. Tuchelt, *Branchidai – Didyma* (Mainz 1992).

[134] Vgl. R. Parker, ›Greek States & Greek Oracles‹, in *Crux* (Anm. 11), 298-326; C. Morgan, ›Divination and Society at Delphi and Didyma‹, *Hermathena* 147 (1989), 17-42.

[135] Die wichtigsten Untersuchungen stammen von F.T. van Straten: ›Gifts for the Gods‹, in H.S. Versnel (Hrsg.), *Faith, Hope and Worship* (Leiden 1981), 65-151; ›Unclassical Religion in Classical Greece: The Archaeological Angle‹, *Proceeding of the XIIth Congress of Archaeology* 4 (Athen 1988), 288-92; ›Votives and Votaries in Greek Sanctuaries‹, in *Sanctuaire grec* (Anm. 27), 247-84. Gemalte Votive: M. Nowicka, ›Les portraits votifs peints dans la Grèce antique‹, *Eos* 78 (1990), 133-36. Formeln der Votive: M.L. Lazzarini, ›Iscrizioni votive greche‹, *Scienze dell' Antichità* 3-4 (1989-90), 845-59. Allgemein s. C. Auffahrt, ›Protecting Strangers: Establishing a Fundamental Value in the Religions of the Ancient Near East and Ancient Greece‹, *Numen* 39 (1992), 193-216.

[136] Kroisos: *HGIÜ* I 14 (Ephesos); *SEG* XL 425 (Delphi). – Phönizier: I. Kilian-Dirlmeier, ›Fremde Weihungen in griechischen Heiligtümern von 8. bis zum Beginn des 7. Jahr-

hunderts‹, *Jahrbuch des Römisch-Germanischen Zentralmuseums* 32 (1985), 215-54. Etrusker: A. Johnston, *Archäologischer Anzeiger* 1993, 597 f; G. Colonna, ›Doni di Etruschi e di altri barbari occidentali nei santuari panellenici‹, in A. Mastrocinque (Hrsg.), *I grandi santuari della Grecia e l'Occidente* (Trento 1993), 43-67.

[137] Vgl. A.H. Jackson, ›Hoplites and the Gods: The Dedication of Captured Arms and Armour‹, in V.D. Hanson (Hrsg.), *Hoplites. The Classical Greek Battle Experience* (London 1991), 228-49.

[138] *Anthologia Palatina* 6, 280 (Mädchen); W. Martini, *Die archaische Plastik der Griechen* (Darmstadt 1990).

[139] Zu ›anatomischen‹ Votivgaben s. zuletzt B. Forsén und E. Sironen, *Zeitschrift für Papyrologie und Epigraphik* 87 (1991), 173-75.

[140] Vgl. B. Alroth, *Greek gods and figurines* (Anm. 16) und ›Visiting gods‹, *Scienze dell' Antichità* 3-4 (1989-90), 301-10.

[141] Kroisos: s. Anm. 136. R. Krumeich, ›Zu den goldenen Dreifüßen der Deinomeniden in Delphi‹, *Jahrbuch des deutschen archäologischen Instituts* 106 (1991), 37-62.

[142] Vgl. J. Boessneck und A. von den Driesch, *Athenische Mitteilungen* 96 (1981), 245-48 und 98 (1983), 21-24. Pfauen: Antiphanes, Frg. 173; Menedotos *FGrHist* 541 F 2.

[143] Zu den Inventaren s. D. Knoepfler (Hrsg.), *Comptes et inventaires dans la cité grecque* (Neuchâtel und Genf 1988); T. Linders, ›Inscriptions and Orality‹, *Symbolae Osloenses* 67 (1992), 27-40.

[144] S.B. Aieshire, *The Athenian Asklepieion* (Amsterdam 1989), 177-248 (Inventar) und *Asklepios at Athens* (Amsterdam 1991), 41-46 (das Zitat auf S.46).

[145] Zu den Wandlungen s. A. Snodgrass, ›The Economics of Dedication at Greek Sanctuaries‹, *Scienze dell' Antichità* 3-4 (1989-90), 287-94.

Kapitel 4

[146] Burkert, *GR*, 99 ff.; so auch Brult/Schmitt, *RG*, hingegen beginnen J. Rudhardt, *Notions fondamentales de la pensée religieuse* (Paris ^{2}1992; ^{1}1958) mit der Begrifflichkeit des Heiligen und Jost, *Aspects* (Anm. 58) mit den Göttern. Diese Unterschiede lohnten eine weitere Analyse.

[147] Doch s. sein *Structure and History* (Anm. 73), 35-58.

[148] Für einen (wenngleich nicht befriedigenden) historischen Überblick s. I. Morris, ›Poetics of Power. The Interpretation of Ritual Action in Archaic Greece‹, in C. Dougherty und L. Kurke (Hrsg.), *Cultural Poetics in Archaic Greece* (Cambridge 1993), 15-45.

[149] Dies hat C. Calame beobachtet: ›»Mythe« et »rite« en Grèce: des catégories indigènes?‹, *Kernos* 4 (1991: 179-204), 196-203.

[150] Vgl. E. Hobsbawn und T. Ranger (Hrsg.), *The Invention of Tradition* (Cambridge 1983).

[151] Vgl. C. Calame, ›Morfologia e funzione della festa nell' Antichità‹, *Annali, Istituto Orientale di Napoli: Archeologia e storia* 4-5 (1982-83), 3-23; J. Rudhardt, ›Remar-

ques sur le geste rituel‹, in A.-M. Blondeau und K. Schipper (Hrsg.), *Essais sur le rituel* 2 (Louvain und Paris 1988), 1-13.

[152] Die übliche Übersetzung mit ›Fest‹ oder ›Feier‹ deckt kaum die Vielfalt antiker *heortai* und ebensowenig die düsteren Aspekte mancher von ihnen ab.

[153] J. Mikalson, ›The *Heorte* of Heortology‹, *Greek, Roman, and Byzantine Studies* 23 (1982), 213-21; Calame (Anm. 149), 196 f. Allgemein s. W. Burkert, ›Die antike Stadt als Festgemeinschaft‹, in P. Hugger, *Stadt und Fest* (Unterägeri und Stuttgart 1987), 25-44; C. Meier, ›Zur Funktion der Feste in Athen im 5. Jahrhundert v. Chr.‹, in W. Haug und R. Warning (Hrsg.), *Das Fest* (München 1989), 569-91.

[154] Vgl. die innovative Analyse von B. Boudewijnse, ›The Conceptualization of Ritual‹, *Jaarboek voor Liturgie-onderzoek* 11 (1995), 31-56; Bremmer, ›»Religion«, »Ritual« and the Opposition »Sacred vs. Profane«‹ (Anm. 6).

[155] S.H. Lonsdale, *Dance and Ritual Play in Greek Religion* (Baltimore und London 1993); A. Henrichs, *»Warum soll ich denn tanzen?« Dionysisches im Chor der griechischen Tragödie* (Stuttgart und Leipzig 1996).

[156] H. Kotsidu, *Die musischen Agone in archaischer und klassischer Zeit* (München 1991); H.A. Shapiro, ›Mousikoi Agones: Music and Poetry at the Panathenaia‹ und D. Kyle, ›The Panathenaic Games: Sacred and Civic Athletics‹, in J. Neils (Hrsg.), *Goddess and Polis. The Panathenaic Festival in Ancient Athens* (Hannover und Princeton 1992), 53-75 bzw. 77-101.

[157] Vgl. H.S. Versnel, ›Religious Mentality in Ancient Prayer‹, in Versnel, *Faith* (Anm. 135), 1-64; P.W. van der Horst, ›Silent Prayer in Antiquity‹, *Numen* 41 (1994), 1-25 (wieder in Ders., *Hellenism – Judaism – Christianity. Essays on Their Interaction.* Kampen 1994, 252-77); J.M. Bremer, ›Greek Hymns‹, in Versnel, *Faith* (Anm. 135), 193-215. Allgemein s. J.D. Mikalson, ›Unanswered Prayers in Greek Tragedy‹, *Journal of Hellenic Studies* 109 (1989), 81-98; D. Aubriot-Sévin, *Prière et conceptions religieuses en Grèce ancienne* (Paris 1992).

[158] Käppel, *Paian* (Anm. 91); B. Zimmermann, *Dithyrambos* (Göttingen 1992); I. Rutherford, ›Apollo in Ivy: The Tragic Paean‹, *Arion* III 1 (1994-95), 112-35.

[159] Burkert, *GR*, 164-66; W.R. Connor, ›Tribes, Festivals and Processions‹, *Journal of Hellenic Studies* 107 (1987), 40-50; Bruit/Schmitt, *RG*, 105-08.

[160] Plataiai: Burkert, *HN* 68 f. Molpoi: K. Gödecken, ›Beobachtungen und Funde an der Heiligen Straße zwischen Milet und Didyma 1984‹, *Zeitschrift für Papyrologie und Epigraphik* 66 (1986), 217-53. Thrasybulos: B.Strauss, ›Ritual, Social Drama and Politics in Classical Athens‹, *American Journal of Ancient History* 10 (1985 [1992!]), 67-83.

[161] S. die Inschriften IG I^3 34 (= *HGIÜ* I 74), 42 (Rind); 46 (= *HGIÜ* I 82), 15 f. (Phallos); 71 (= *HGIÜ* I 113), 57 (Panhoplie); Älian, *Variae historiae* 6, 1 (Opfergerät); M.C. Miller, ›The Parasol: An Oriental Status-Symbol in Late-Archaic and Classical Athens‹, *Journal of Hellenic Studies* 112 (1992: 91-105), 103-05; Neils, *Goddess and Polis* (Anm. 156); S.G. Cole, ›Procession and Celebration at the Dionysia‹, in R. Scodel (Hrsg.), *Theater and Society in the Classical World* (Ann Arbor 1993), 25-38.

[162] Xenophon, *Agesilaos* 8, 7 (daraus das Zitat); Calame, *Chœurs* 1 (Anm. 65), 306 f.

[163] Gute Übersichten jetzt bei M.H. Jameson, ›Sacrifice and Ritual: Greece‹, in M. Grantund R. Kitzinger (Hrsg.), *Civilization of the Ancient Mediterranean. Greece and Rome* 2 (New York 1988), 959-79; C. Grottanelli und N. Parise, *Sacrificio e società nel mondo antico* (Bari 1988); M. Lambert, ›Ancient Greek and Zulu Sacrificial Ritual‹, *Numen* 40 (1993), 293-318.

[164] Doch s. jetzt V. Rosivach, *The System of Public Sacrifice in Fourth-Century Athens* (Atlanta 1993).

[165] Vgl. J.-L. Durand, *Sacrifice et labour en Grèce ancienne* (Paris 1986); s. auch F.T. van Straten, ›Greek Sacrificial Representations: Livestock Prices and Religious Mentality‹, in T. Linders und G. Nordquist, *Gifts to the Gods* (Uppsala 1987), 159-70 und insbesondere Ders., *Hierà kalá: Images of Animal Sacrifice in Archaic & Classical Greece* (Leiden 1994); ferner S. Peirce, ›Death, Revelry, and *Thysia*‹, *Classical Antiquity* 12 (1993), 219-66.

[166] S. zuletzt J. Boessneck und A. von den Driesch, ›Tierknochenfunde aus Didyma‹, *Archäologischer Anzeiger* 1983, 611-51; Dies., *Knochenabfall von Opfermahlen und Weihegaben aus dem Heraion von Samos* (München 1988); J. Boessneck und J. Schäfer, ›Tierknochenfunde aus Didyma II‹, *Archäologischer Anzeiger* 1986, 251-301; D. Reese, ›Faunal Remains from the Altar of Aphrodite Ourania, Athens‹, *Hesperia* 58 (1989), 63-70; M. Stanzel, *Die Tierreste aus dem Artemis-/Apollon-Heiligtum bei Kalapodi in Böotien/Griechenland* (Diss. München 1991); K. Tuchelt, ›Tieropfer in Didyma – Ein Nachtrag‹, *Archäologischer Anzeiger* 1992, 61-81.

[167] Schlacht: M. Jameson, ›Sacrifice before Battle‹, in Hanson, *Hoplites* (Anm. 137), 197-227; F. Jouan, ›Comment partir en guerre en Grèce antique en ayant les dieux pour soi‹, *Revue de la société Ernest Renan* 40 (1990-91), 25-42 (auch zum Flußübergang); Peirce, ›Death‹ (Anm. 165), 253 f. Eid: C. Faraone, ›Molten Wax‹, *Journal of Hellenic Studies* 113 (1993), 60-80.

[168] A. Henrichs, ›Human Sacrifice in Greek Religion‹, *Le sanctuaire grec* (Anm. 27), 195-235; J. Bremmer, ›Scapegoat Rituals in Ancient Greece‹, *Harvard Studies in Classical Philology* 87 (1983), 299-320; D. Hughes, *Human Sacrifice in Ancient Greece* (London und New York 1991) mit der Besprechung von W. Burkert, *Gnomon* 66 (1994), 97-100; P. Bonnechere, *Le sacrifice humain en Grèce ancienne* (Athen und Lüttich 1994); S.P. Morris, ›The Sacrifice of Astyanax: Near Eastern contributions to the siege of Troy‹, in J. Carter und S. Morris (Hrsg.), *The Ages of Homer* (Austin 1995), 221-45.

[169] Vgl. M. Jameson, ›Sacrifice and Animal Husbandry in Classical Greece‹, in C.R. Whittaker (Hrsg.), *Pastoral Economies in Classical Antiquity* (Cambridge 1988: 87-119), 94.

[170] Hestia: Eupolis fr. 301; Graf, *NK*, 363; M. Detienne, *L'écriture d'Orphée* (Paris 1989), 89-98. Demeter: Jameson, ›Sacrifice‹, 92; E.G. Pemberton, *Corinth. The Sanctuary of Demeter and Kore*, Bd. 18.1 (Princeton 1989), 96 (Schweine und Ziegen); D. Ruscillo, ›Faunal remains from the Acropolis Site, Mytilene‹, *Classical Views* 37 (1993), 201-10. Dionysos: Peirce, ›Death‹ (Anm. 165), 255 f.

[171] Hunde: Parker, *Miasma*, 357 f.; Graf, *NK*, 422. Vögel: Johannes Lydos, *De mensi-*

bus 4, 64. Fische: *Anthologia Palatina* 10, 9 und 14 und 16; L. Robert, *Hellenica* 9 (1950), 82.

[172] Vgl. Boessneck und Schäffer, ›Didyma II‹ (Anm. 166), 285-94, 300.

[173] Vgl. Jameson, ›Sacrifice‹, 98 f. W. Houston, *Purity and Monotheism* (Sheffield 1993), 82 und 85 f., weist auch darauf hin, daß Schweine Schatten und Wasser benötigten – und beides an den meisten Orten Griechenlands nicht kontinuierlich zur Verfügung stand.

[174] K. Meuli: *Gesammelte Schriften* 2 (Basel 1975; [1]1946), 907-1021. Über Meuli s. bes. A. Henrichs, ›Gott, Mensch und Tier: Antike Daseinsstruktur und religiöses Verhalten im Denken Karl Meulis‹, in F. Graf (Hrsg.), *Klassische Antike und Neue Wege der Kulturwissenschaften. Symposium Karl Meuli* (Basel 1992), 129-67.

[175] Seine Ansichten sind zuletzt dargelegt in W. Burkert, ›Opferritual bei Sophokles. Pragmatik – Symbolik – Theater‹, *Der altsprachliche Unterricht* 27 (1985), 5-20; ›The Problem of Ritual Killing‹, in R.G. Hamerton-Kelly (Hrsg.), *Violent Origins* (Stanford 1987), 149-76, 177-88 (Diskussion); ›Offerings in perspective: surrender, distribution, exchange‹, in Linders/Nordquist, *Gifts to the Gods* (Anm. 165), 43-50.

[176] Burkert, *HN* 153-161; Durand, *Sacrifice et labour* (Anm. 165), 43-87 (Darstellungen auf schwarzfigurigen Vasenbildern).

[177] Dies betont zu Recht Peirce, ›Death‹ (Anm. 165).

[178] Der Monat Bouphonion, ›Ochsentötung‹ ist nur auf Euboia, in seinen Kolonien und auf benachbarten Inseln belegt: Karystos (*IG* XII 9, 207), Chaldikide (*SEG* XXXVIII 671), Delos (*IG* XI 2, 203 A; *SEG* XXXV 882) und Tonos (*IG* XII 5, 842).

[179] So zu Recht D. Obbink, ›The Origin of Greek Sacrifice: Theophrastus on Religion and Cultural History‹, in W.W. Fortenbaugh und R.W. Sharples (Hrsg.), *Theophrastean Studies* (New Brunswlck und London 1988), 272-95; Henrichs, ›Gott, Mensch und Tier‹ (Anm. 174), 153-58; M.A. Katz, ›Buphonia und Goring Ox: Homicide, Animal sacrifice, and Judicial Process‹, in Rosen/Farrell, *Nomodeiktes* (Anm. 36), 155-78.

[180] Aristoxenos, Frg. 29 (ed. Wehrli): Pythagoras vermied es, das Fleisch von Pflugochsen zu essen; Älian, *Variae historiae* 5, 14; Varro, *De re rustica* 2, 5, 3; Columella, *De re rustica* 6 pr. 7; Scholien zu Homers *Odyssee* 12, 353; s. auch Aratos 131 f.; Ovid, *Metamorphosen* 15, 120-42, 470; Rosivach, *Public Sacrifice in Fourth-Century Athens* (Anm. 164), 161-63.

[181] M. Detienne und J.-P. Vernant (Hrsg.), *La cuisine du sacrifice en pays grecque* (Paris 1979; engl. *The Cuisine of Sacrifice among the Greeks*, Chicago 1989); Vernant, *Mortals and Immortals* (Anm. 43), 290-302 (Vernants Widerspruch gegen Meuli und Burkert: 291 f.).

[182] Vernant, *Mortals and Immortals* (Anm. 43), 296, in der englischen Ausgabe sinngemäß weniger lapidar übersetzt als ›offenbare und irreführende Auslassung‹.

[183] W. Burkert, ›Opfer als Tötungsritual. Eine Konstante der menschlichen Kulturgeschichte?‹, in Graf, *Klassische Antike* (Anm. 174), 169-89.

[184] Samos: Boessneck und Von den Driesch, *Knochenabfall* (Anm. 166), 6. Didyma: Dies., ›Didyma II‹ (Anm. 166), 257. Kalapodi: Stanzel, *Tierreste aus Kalapodi* (Anm. 166), 45.

[185] Peirce, ›Death‹ (Anm. 165), 256 f. hat übersehen, daß von den ohnehin wenigen von ihr angeführten Ausnahmen eine – der Versuch des Busiris, Herakles zu opfern – ein typischer Fall für ein ›pervertiertes‹ Opfer ist; das ›Tabu‹ der Präsenz eines Messers wird insofern eher bestätigt als in Frage gestellt; vgl. J.-L. Durand und F. Lissarrague, ›Héros cru ou hôte cuit: histoire quasi cannibale d'Héraklès chez Busiris‹, in F. Lissarrague und F. Thelamon (Hrsg.), *Image et céramique grecque* (Rouen 1983), 153-67.

[186] Parker, *Miasma*, 299 f.

[187] Vgl. Meuli, *Gesammelte Schriften* 2 (Anm. 174), 948, der meint, daß ›das Olympische Opfer nichts anderes sei als ein rituelles Schlachten‹; Burkert, *HN*, 45-60; J.-P. Vernant, in *Le sanctuaire grec* (Anm. 27), 26: ›sacrifier, c'est fondamentalement tuer pour manger‹.

[188] S. R. Seaford, ›Homeric and Tragic Sacrifice‹, *Transactions of the American Philological Association* 119 (1989), 87-95; Ders., *Reciprocity and Ritual* (Oxford 1994: ein gutes Beispiel für das zunehmende Interesse am Ritual in der Literatur, das mehr Aufmerksamkeit verdient als hier zu geben möglich ist); s. auch J. Jouanna, ›Libations et sacrifices dans la tragédie grecque‹, *Revue des Études Grecques* 105 (1992), 406-34.

[189] So gründet etwa Peirce, ›Death‹ (Anm. 165), ihre Ansichten über das Opfer hauptsächlich auf die ikonographischen Zeugnisse mit ihrer stark dionysischen Ausrichtung. Eine solche Meinung ist ebenso schief wie eine, die allein aufgrund der Tragödie die griechische Religion zu verstehen sucht (dazu hier Kapitel 2, 1); zum Unterschied zwischen ›Bild und Text‹ s. R. Hamilton, *Choes & Anthesteria* (Ann Arbor 1992), 123-46.

[190] Ein erster solcher Versuch bei J. Bremmer, ›Modi di communicazione con il divino: la preghiera, la divinizazione e il sacrificio nella civiltà greca‹, in S. Settis (Hrsg.), *Noi e i Greci* (Trrin 1996), 239-83.

[191] Burkert, *GR*, 390-95; A. Moreau, ›Initiation en Grèce antique‹, *Dialogues d'Histoire Ancienne* 18 (1992), 191-244; Versnel, *IGRR* 2, 48-60 (ausführliche Bibliographien); F. Graf, ›Initiationsriten in der antiken Mittelmeerwelt‹, *Der altsprachliche Unterricht* 36.2 (1993), 29-40.

[192] Athen: P. Vidal-Naquet, *Der schwarze Jäger* (Frankfurt a.M. und New York 1989) 105-22; ([1]1968: ein Klassiker) und ›The Black Hunter Revisited‹, *Proceedings of the Cambridge Philological Society* 212 (1986), 126-44 sowie ›Retour au chasseur noir‹, in J.-P. Vernant und P. Vidal-Naquet, *La Grèce ancienne 3: Rites de passages et transgressions* (Paris 1992), 215-51. Sparta: M. Pettersson, *Cults of Apollo at Sparta. The Hyakinthia, the Gymnopaidiai and the Karneia* (Stockholm 1992).

[193] Ephoros *FGrHist* 70 F 149 (= Strabon 10, 4, 16-20: daraus alle Zitate); M. Lavrencic, ›*Andreion*‹, *Tyche* 3 (1988), 147-61.

[194] N. Marinatos, *Minoan Religion* (New York 1993), 201-20; J. Bremmer und N. Horsfall, *Roman Myth and Mythography* (London 1987), 38-43 und 53-56 (J. Bremmer: Indo-Europäer).

[195] Kulturanthropologen wie C. Geertz, ›»Aus der Perspektive des Eingeborenen«. Zum Problem des ethnologischen Verstehens‹, in Ders., *Dichte Beschreibung. Beiträge zum*

Verstehen kultureller Systeme (Frankfurt a.M. 1987: 289-309), 290-94, haben betont, daß diese Ansichten zwei Seiten derselben Medaille sind. Ein solcher Ansatz ist konstruktiver als der von Rudhardt oder von Vernant und seiner Schule, die manchmal den Eindruck erwecken, wir könnten griechischen Praktiken so betrachten, als wären wir selbst Griechen.

196 Zu dieser wichtigen Metapher in der griechischen Initiation s. Calame, *Chœurs* 1 (Anm. 65), 374 f. sowie hier Kapitel 6, 1.

197 Ekdysia: Nikandros bei Antonius Liberalis 17, vgl. Bremmer, ›Dionysos travesti‹ (Anm. 79), 194. ›Entkleiden‹: *ICret* I, ix (Dreros) 1, 11 f. und 99 f.; I, xix (Malla) 1, 17 f. u.a. ›Nackte‹: *ICret* I.ix (Dreros), I D, 140 f. (*azostoi*), vgl. Hesych s.v. *azostos*. ›Ganz Nackte‹: *ICret* I.ix (Dreros) 1 A, 11 f. (*panazostoi*). Periblemaia: *ICret* I.xix (Malla) 19, 1.

198 Vgl. J. Bremmer, ›Greek Pederasty and Modern Homosexuality‹, in J. Bremmer (Hrsg.), *From Sappho to De Sade* (London[2] 1991), 1-14; C. Calame, *I Greci e l'Eros* (Bari 1992), 65-81. Die Einwände gegen die Deutung als Initiation bei Dover, *The Greeks* (Anm. 21), 115-34 und bei D. Halperin, *One Hundred Years of Homosexuality* (London 1990), 54-61 überzeugen nicht. Entführung: Bremmer/Horsfall, *Roman Myth* (Anm. 194), 105-11 (J. Bremmer).

199 Ares und Aphrodite: *LIMC* II.1 (1984), 123-25 (A. Delivorrias), 482 f. (Ph. Bruneau); Graf, *NK*, 264 (Amtsinhaber). Ares: P. Wathelet, ›Arès le mal aimé‹, *Les Études Classiques* 60 (1992), 113-28; *DDD*, s.v. (J. Bremmer). Aphrodite: V. Pirenne-Delforge, *L'Aphrodite grecque* (Athen und Lüttich 1994).

200 Es ist bezeichnend, daß Burkerts Werk nach seinem Erscheinen in den wichtigsten altertumswissenschaftlichen Zeitschriften nicht rezensiert wurde; vgl. J. Bremmer, *Classical Review* NS 35 (1985), 312 f. bzw. *Mnemosyne* IV 43 (1989), 260-63.

201 Vgl. Burkert, *HN*, 236-73; J. Bremmer, *The Early Greek Concept of the Soul* (Princeton 1983), 108-22; E. Simon, *Festivals of Attica* (Madison 1983), 92-99; Calame, *Thésée* (Anm. 83), 327-37; C. Auffarth, *Der drohende Untergang. »Schöpfung« in Mythos und Ritual im Alten Orient und in Griechenland* (Berlin und New York 1991), 202-72; Hamilton, *Choes* (Anm. 189): die systematischste, freilich recht skeptische Erörterung der Quellen; A. Bowie, *Aristophanes: Myth, Ritual and Comedy* (Cambridge 1993), 35-39 und 147-50; Ders., ›Religion and Politics in Aeschylus' *Oresteia*‹, *Classical Quarterly* 43 (1993), 10-31, bes. 22-4; A. Bierl, ›Karion, die Karer und der *Plutos* des Aristophanes als Inszenierung eines anthesterienartigen Ausnahmefestes‹, in A. Bierl und P. v. Möllendorff (Hrsg.), *Orchestra* (Stuttgart und Leipzig 1994), 30-43.

202 Trompete: Graf, *NK*, 245; P. Krentz, ›The *Salpinx* in Greek Warfare‹, in Hanson, *Hoplites* (Anm. 137), 110-20; G.C. Nordquist, ›Some notes on musicians in Greek cult‹, in R. Hägg (Hrsg.), *Ancient Greek Cult Practice from the Epigraphical Evidence* (Stockholm 1994), 81-93, bes. 86; *SEG* XLII 955.

203 Vgl. Graf, *NK*, 28 (Kränze, Trankopfer); A. Henrichs, ›The Eumenides and Wineless Libations in the Derveni Papyrus‹, *Atti XVII Congresso Internazionale die Papirologia* 2 (Neapel 1984), 255-68.

204 Während Burkert, *HN*, das Opfer überbewertet und stets in düsteren Farben malt, fehlt es fast völlig in Graf, *NK*. Nach meinem Dafürhalten ist das Opfer ein wichtiges

Element für die Definition der Natur des griechischen Rituals, doch nicht immer so düster, wie Burkert meint.

[205] Man gedachte trauriger oder fröhlicher Ereignisse häufig an ›unglücklichen‹ oder ›glücklichen‹ Tagen; vgl. A. Grafton und N. Swerdlow, ›Calendar Dates and Ominous Days in Ancient Historiography‹, *Journal of the Warburg and Courtauld Institutes* 51 (1988), 14-42; A. Chaniotis, ›Gedenktage der Griechen‹, in J. Assmann (Hrsg.), *Das Fest und das Heilige* (Gütersloh 1991), 123-45.

[206] R. Buxton, *Sophocles* (Oxford 1984), 4; Valerius Maximus 9, 8 (Anakreon). *Acharner*: N. Fisher, ›Multiple Personalities and Dionysiac Festivals: Dicaeopolis in Aristophanes' *Acharnians*‹, *Greece & Rome* 40 (1993), 31-47. Misanthrop: Plutarch, *Antonius* 70.

[207] Choes: Hamilton, *Choes* (Anm. 189), 63-121. Kares/Keres: J. Bremmer, *Soul* (Anm. 201), 113-18.

[208] Anders Versnel, *IGRR* 2, 116 f.; vgl. aber Bremmer/Horsfall, *Roman Myth* (Anm. 194), 86 f. Versnels Beobachtungen (115-21) zu den Festen der ›Verkehrten Welt‹ sind jedoch von großem Interesse.

[209] Thorikos: *SEG* XXXIII 147, vgl. R. Parker, ›Festivals of the Attic Demes‹, in Linders/Nordquist, *Gifts to the Gods* (Anm. 165), 137-47, bes. 142; A. Henrichs, ›Between Country and City: Cultic Dimensions of Dionysus in Athens and Attica‹, in M. Griffith und D. Mastronarde (Hrsg.), *Cabinet of the Muses* (Atlanta 1990: 257-77), 262 f.

[210] Dies hat überzeugend Hamilton, *Choes* (Anm. 189), 55 f. dargelegt. Jedenfalls vertritt Burkert, *HN*, 257-60, irrig die Meinung, daß Aristoteles von einem sexuellen Akt spreche; vgl. P.J. Rhodes, *A Commentary on the Aristotelian Athenaion Politeia* (Oxford 1981), 104 f. Allgemein s. A. Avagianou, *Sacred Marriage in the Rituals of Greek Religion* (Bern 1991); Janko, *Commentary* (Anm. 132), 171.

[211] Chöre: Hamilton, *Choes* (Anm. 189), 38-42. Phallus: *Comicorum Atticorum Fragmenta* III 398 f. nr. 7 (ed. Kock); Dion Chrysostomos 33, 63.

[212] E. Pochmarski, *LIMC* III.1 (1986), s.v. Erigone I; D. Gondicas, *LIMC* V.1 (1990), s.v. Ikarios I.

[213] S. jeweils Possis *FGrHist* 480 F 1; Diogenes Laërtios 4, 8; Philodemos, *De Pietate* 806-08 und 865-69 (ed. Obbink): Epikur – eine Quelle, die den bei Hamilton, *Choes* (Anm. 189) zusammengestellten hinzuzufügen ist; Kallimachos, Frg. 178.

[214] *La grande festa*: Versnel, *IGRR* 2, 127 f. Synoikia: Graf, *NK*, 167; Hornblower, *Commentary* (Anm. 118), 265. Skira: Burkert, *HN* 161-68.

[215] Thukydides 2, 14, 4; s. aber Hornblower, *Commentary* (Anm. 118), 266 f. Namen: J. Sarkady, ›A Problem in the History of the Greek Calendar (The Date of the Origin of the Months' Names)‹, *Acta Classica Debrecen* 21 (1985), 3-17; W. Burkert, ›Athenian Cults and Festivals‹, *Cambridge Ancient History* IV^2 (Cambridge 1988), 245-67; C. Trümpy, *Griechische Monatsnamen und Monatsfolgen* (Heidelberg 1996).

Kapitel 5

216 Vgl. T.S. Scheer, *Mythische Vorväter* (München 1993), 24-29.

217 Es ist daher merkwürdig, daß es in dem älteren Standard-Handbuch von M.P. Nilsson, *Geschichte der griechischen Religion* 1 (München [3]1967), kein Kapitel über Mythologie gibt – und auch nicht in Rudhardt, *Notions fondamentales* (Anm. 146), Burkert, *GR*, und Jost, *Aspects* (Anm. 58). Bruit/Schmitt, *RG*, 143-78 erörtern zwar die Mythologie, doch in wenig befriedigender Weise; sie ignorieren die Beiträge von W. Burkert fast völlig, heben aber dafür die von G. Dumézil allzu sehr hervor.

218 Gute Einführungen mit jeweils unterschiedlichem Ansatz: K. Dowden, *The Uses of Greek Mythology* (London 1992); Graf, *GM*; S. Saïd, *Approches de la mythologie grecque* (Paris 1993); Buxton, *Imaginary Greece* (Anm. 45). S. auch C. Calame (Hrsg.), *Métamorphoses du mythe en Grèce antique* (Genf 1988); Bremmer, *IGM*; L. Edmunds (Hrsg.), *Approaches to Greek Myth* (Baltimore und London 1990).

219 Die beste historische Übersicht bietet jetzt Graf, *GM*, 15-57.

220 Natales Comes, *Mythologiae sive explicationum fabularum libri X* (Venedig 1551; [2]1567. Nachdruck New York 1976), vgl. R.M. Iglesias Montiel und C.A. Moran (Hrsg.), *Natale Conti, Mitología* (Murcia 1988), 7-35; J. Starobinski, ›Fable et mythologie aux XVIIe et XVIIIe siècles‹, in *Le remède dans le mal* (Paris 1989), 233-62.

221 Fontenelle: A. Niderst (Hrsg.), *B. de Fontenelle. Œuvres complètes* III (Paris 1989), 197-202 (›De l'origine des fables‹); englische Übersetzung und Einführung von B. Feldman und R.D. Richardson, *The Rise of Modern Mythology (1680-1860)* (Bloomington und London 1972), 7-18. Fréret: Graf, *GM*, 22, dazu B. Barret-Kriegel, *Jean Mabillon* (Paris 1988), 163-209, 277-82 (Bibliographie).

222 F. Graf, ›Die Entstehung des Mythosbegriffs bei Christian Gottlob Heyne‹, in F. Graf (Hrsg.), *Mythos in mythenloser Gesellschaft. Das Paradeigma Roms = Colloquium Rauricum* III (Stuttgart 1993), 284-94; G. Chiarini, in G. Cambiano u.a. (Hrsg.), *Lo spazio letterario della Grecia antica* II (Rom 1995), 688-703.

223 Karl Müller: W.M. Calder III u.a. (Hrsg.), *Karl Otfried Müller Reconsidered* (Atlanta 1996). Max Müller: H. Lloyd-Jones, *Blood for the Ghosts* (London 1982), 155-64; G.W. Stocking Jr, *Victorian Anthropology* (New York und London 1987), 56-62; L.P. van den Bosch, ›Friedrich Max Müller: een Victoriaans geleerde over het onderzoek naar mythen en religie‹, *Nederlands Theolische Tijdschrift* 47 (1993), 186-200.

224 Vgl. J. Bremmer, ›Hermann Usener‹, in W.W. Briggs und W.M. Calder III (Hrsg.), *Classical Scholarship. A Biographical Encyclopedia* (New York und London 1990), 462-78; H. Dieterich und F. Hiller von Gaertringen, *Usener und Wilamowitz. Ein Briefwechsel 1870-1905*, revidiert von W.M. Calder III (Stuttgart 1994). Zu Mannhardt gibt es keine moderne Untersuchung.

225 R. Ackerman, *J.G. Frazer: His Life and Work* (Cambridge 1987); M. Beard, ›Frazer, Leach und Virgil: The Popularity (and Unpopularity) of *The Golden Bough*‹, *Comparative Studies in Society and History* 34 (1992), 203-34; G.W. Stocking, *After Tylor* (Madison 1996), 124-51.

226 Vgl. J. Mejer, ›Martin P. Nilsson‹, in Briggs/Calder, *Classical Scholarship* (Anm. 224),

335-40; A. Bierl und W.M. Calder III, ›Instinct against Proof. The Correspondence between Ulrich von Wilamowitz-Moellendorff and Martin P. Nilsson on *Religionsgeschichte* (1920-1930)‹, *Eranos* 89 (1991), 73-99, wieder in W.M. Calder III, *Further Letters of Ulrich von Wilamowitz-Moellendorff* (Hildesheim 1994), 151-78.

[227] J. Bremmer, ›Gerardus van der Leeuw and Jane Ellen Harrison‹, in H. Kippenberg und B. Luchesi (Hrsg.), *Religionswissenschaft und Kulturkritik* (Marburg 1991), 237-41; C. Shay, ›On not knowing Jane Harrison‹, *Liverpool Classical Monthly* 16 (1991), 103-11; Schlesier, *Kulte, Mythen und Gelehrte* (Anm. 61), 123-92.

[228] Gute Beispiele für ihre Arbeiten bei R. Gordon (Hrsg.), *Myth, Religion and Society: Structuralist Essays* (Cambridge 1981), mit einer informativen Einführung von R. Buxton (IX-XVII).

[229] R. Martin, *The Language of Heroes* (Ithaca 1989: 12-42), 12 (daraus das Zitat); s. auch A.H.W. Adkins, ›Myth, Philosophy, and Religion in Ancient Greece‹, in F.E. Reynolds und D. Tracy (Hrsg.), *Myth and Philosophy* (Albany 1990), 95-130.

[230] J.-P. Vernant, ›Le mythe au réflechi‹, *Le temps de la réflexion* 1 (1980), 21-25; M. Detienne, *The Creation of Mythology* (Chicago 1986, [1]1981); C.R. Philips III, ›Misconceptualizing Classical Mythology‹, in Flower/Toher, *Georgica*, 142-51; C. Calame, ›»Mythe« et »rite« en Grèce‹ (Anm. 149) und *Illusions de la mythologie* (Limoges 1991).

[231] S. jeweils Burkert, *Structure and History* (Anm. 73), 23 und ›Mythos – Begriff, Struktur, Funktionen‹, in Graf, *Mythos in mythenloser Gesellschaft* (Anm. 222), 9-24, bes. 17; J. Bremmer, ›What is a Greek Myth‹, in Bremmer, *IGM*, 1-9 (auch zur Unterscheidung von Mythen und anderen Arten traditioneller Erzählungen, etwa Legenden, Sagen und Märchen). S. auch Graf, *GM*, 7-14; Buxton, *Imaginary Greece* (Anm. 45), 12-17.

[232] Vgl. J. Bremmer, ›What is a Greek Myth?‹ (Anm. 231), 1-3; W. Burkert, ›Typen griechischer Mythen auf dem Hintergrund mykenischer und orientalischer Tradition‹, in D. Musti u.a. (Hrsg.), *La transizione dal Miceneo all' Alto Arcaismo* (Rom 1991), 527-38.

[233] Graf, *GM*, 73 f. (Achilleus); C. Grottanelli, ›Yoked Horses, Twins, and the Powerful Lady: India, Greece, Ireland and Elsewhere‹, *Journal of Indo-European Studies* 14 (1986), 125-52 (Helena); Burkert, *Structure and History* (Anm. 73), 78-98 (Herakles).

[234] Erichthonios/Erechtheus: R. Parker, ›Myths of Early Athens‹, in Bremmer, *IGM*, 187-214, bes. 194; Kearns, *Heroes of Attica* (Anm. 52), 161.

[235] P. Frei, ›Die Bellerophontessage und das Alte Testament‹, in B. Janowski u.a. (Hrsg.), *Religionsgeschichtliche Beziehungen zwischen Kleinasien, Nordsyrien und dem Alten Testament* (Freiburg und Göttingen 1993), 39-65; s. auch W. Burkert, ›Oriental and Greek Mythology‹, in Bremmer, *IGM* 10-40.

[236] C. Caduff, *Antike Sintflutsagen* (Göttingen 1986); W. Burkert, ›Denkformen der Kosmologie im Alten Orient und in Griechenland‹, in M. Münzel (Hrsg.), *Ursprung* (Frankfurt a.M. 1987), 9-18.

[237] Ich folge Auffarth, *Der drohende Untergang* (Anm. 201), 129 f. und Graf, *GM*, 91 f., nicht Burkert, ›Typen griechischer Mythen‹ (Anm. 232), 535.

[238] Die späte Datierung macht es unwahrscheinlich, daß Homer dieses Motiv bewußt

ausließ; vgl. J. March, *The Creative Poet* (London 1987), 27-46; J. Bremmer, ›La plasticité du mythe: Méléagre dans la poésie homérique‹, in Calame, *Métamorphoses du mythe* (Anm. 218), 37-56; S. Woodford u.a., *LIMC* VI.1 (1992), s.v. Meleager.

239 W. Burkert, ›The Making of Homer in the Sixth Century B.C.: Rhapsodes versus Stesichoros‹, in *Papers on the Amasis Painter* (Anm. 81), 43-62, bes. 52.

240 Aphrodite: Stesichoros, Frg. 223. Hera: Apollonios Rhodios 1, 14; Apollodoros 1, 9, 16.

241 Zur hellenistischen Zeit s. jetzt Scheer, *Mythische Vorväter* (Anm. 216).

242 Familien: Thomas, *Oral tradition* (Anm. 131), 155-95. Athen: R. Parker, ›Myths of Early Athens‹ (Anm. 234), 206 f.; E. Simon, *LIMC* VI.1 (1992), s.v. Ion. Sparta: L. Robert, *Études épigraphiques et philologiques* (Paris 1938), 199 f. (Kresphontes als herophorer, typisch messenischer Name); C. Calame, ›Spartan Genealogies‹, in Bremmer, *IGM*, 153-86; M.A. Harder, ›Euripides' *Temenos* und *Temenidai*‹, in Hofmann/Harder, *Fragmenta dramatica* (Anm. 31), 117-35.

243 F. Zeitlin, ›Thebes: Theatre of Self and Society in Athenian Drama‹, in J. Winkler und F. Zeitlin (Hrsg.), *Nothing to do with Dionysos?* (Princeton 1990), 63-96; S. Saïd, ›Tragic Argos‹, in A. Sommerstein u.a. (Hrsg.), *Tragedy, Comedy and the Polis* (Bari 1993), 167-89; S. Johnston, ›Crossroads‹, *Zeitschrift für Papyrologie und Epigraphik* 88 (1991), 217-24.

244 Motte, *Prairies et jardins* (Anm. 117); exemplarisch dazu R. Buxton, ›Imaginary Greek Mountains‹, *Journal of Hellenic Studies* 112 (1992), 1-15.

245 M. Detienne, *The Gardens of Adonis* (Princeton[2]1994; [1]1972); R. Buxton, ›Wolves and Werewolves in Greek Thought‹, in Bremmer, *IGM*, 60-79.

246 Inachos: Dowden, *DM*, 123 f.; S.E. Katalis, *LIMC* V. 1 (1990), s.v.; Graf, *NK*, 104-06 (Acheloos).

247 Gute Beobachtungen für ein solches Projekt bei Dowden, *Uses of Greek Mythology* (Anm. 218), 121-49; Buxton, *Imaginary Greece* (Anm. 45), 80-113.

248 Mündliche Tradition: Thomas, *Oral Tradition* (Anm. 131), 283. Zieh-Eltern: Bremmer/Horsfall, *Roman Myth* (Anm. 194), 53-56 (J. Bremmer).

249 Gattung: P. Seaford, ›The Structural Problems of Marriage in Euripides‹, in A. Powell (Hrsg.), *Euripides, Women, and Sexuality* (London und New York 1990), 151-76. Vater-Sohn: Sourvinou-Inwood, *›Reading‹ Greek Culture* (Anm. 1), 244-84.

250 Bruder-Schwester: J. Bremmer, ›Why did Medea kill her brother Apsyrtos?‹, in J. Clauss und S. Johnston (Hrsg.), *Medea* (Princeton 1996). Troilos: A. Kossatz-Deissmann, *LIMC* I.1 (1981), s.v. Achilleus, nr. 206-388; P. Wathelet, *Dictionnaire des Troyens de l'Iliade*, 2 Bde. (Liège 1988), s.v. Troilos.

251 Eine detaillierte historische Übersicht der verschiedenen Ansätze bei Versnel, *IGRR* 2, 15-88.

252 S. jeweils A. Lardinois, ›Greek Myths for Athenian Rituals‹, *Greek, Roman, and Byzantine Studies* 33 (1992), 313-27; A. Pariente, ›Le monument argien des »Sept contra Thèbes«‹, in Piérart, *Polydipsion Argos* (Anm. 116), 195-229; Graf, *NK*, 391 (Tarent). Allgemein s. N. Richardson, ›Innovazione poetica e mutamenti religiosi nell' antica Grecia‹, *Studi Classici e Orientali* 33 (1983), 15-27.

[253] Burkert, *Orientalisierende Epoche* (Anm. 35), 82 f.; dazu Pomponius Mela 1, 64 (Touristen); P.B. Harvey, ›The Death of Mythology: The Case of Joppa‹, *Journal of Early Christian Studies* 2 (1994), 1-14.

[254] Vgl. M. Jameson, ›Perseus, the Hero of Mykenai‹, in R. Hägg und G. Nordquist (Hrsg.), *Celebrations of Death and Divinity in the Bronze Age Argolid* (Stockholm 1990), 213-30. Stiermasken: Ovid, *Metamorphosen* 10, 222-37; Graf, *NK*, 415 f.; A. Hermary, *Report of the Department of Antiquities, Cyprus* 1986, 164-66; Ders. und O. Masson, ›Deux vases inscrits du sanctuaire d'Aphrodite à Amathunte‹, *Bulletin de Correspondance Hellénique* 114 (1990), 187-214. Helme: H. Brijder, *Siana Cup II. The Heidelberg Painter* (Amsterdam 1991), 430-32; s. auch Graf, *NK*, 415 f.

[255] Man mag einige Zweifel über die historische Wirklichkeit der Doppeldeutigkeit des von Versnel rekonstruierten Ritualkomplexes haben, da unsere Belege für Rhodos nur von einem negativen Ritual sprechen, für Athen hingegen nur von einem positiven. Ist es methodisch zulässig, örtliche Unterschiede auf diese Weise auszulöschen? Oder ist die Rekonstruktion einzig für eine ›tiefe‹ Struktur gültig, und, falls dem so ist, was ist dann die Beziehung zur ›Oberfläche‹ des Rituals?

[256] Versnel, *IGRR* 2, 88-135 = Bremmer, *IGM*, 121-52; hinzuzufügen ist jetzt E.B. Serbeti, *LIMC* VI.1 (1992), s.v. Kronos.

[257] S. auch Buxton, *Imaginary Greece* (Anm. 45), 96 (Mythos/Leben), 151-55 (Mythos/Ritual).

[258] Lemnos: Burkert, *HN*, 212-18. Pegasos: Frei, ›Bellerophontessage‹ (Anm. 235), 48 f. Wandermythen: Graf, ›Das Götterbild aus dem Taurerland‹, *Antike Welt* 10.4 (1979), 33-41 und *GM*, 112.

[259] Hier ist nicht der Ort für eine Diskussion der soziobiologischen Erklärungen mancher Mythen und Rituale von Burkert, *Structure and History* (Anm. 73), 1-58, und Versnel, *IGRR* 2, 79-88, doch s. die Einwände in Bremmer/Horsfall, *Roman Myth* (Anm. 194), 29 f. (J. Bremmer); Auffarth, *Der drohende Untergang* (Anm. 201), 573-82; J. Bremmer, ›Mythe en rite in het oude Griekenland‹, *Nederlands Theologische Tijdschrift* 46 (1992), 265-76; Graf, *GM*, 56 f.

[260] *LIMC*; s. jetzt auch T. Gantz, *Early Greek Myth: A guide to literary and artistic sources*, 2 Bde. (Baltimore und London 1993).

[261] J.-M. Moret, ›The Earliest Representations of the Iufant Herakles and the Snakes‹, in B.K. Braswell, *A Commentary on Pindar Nemean One* (Fribourg 1992), 83-90.

[262] J. Neils, *LIMC* VI.1 (1992), s.v. Iason, nr. 30-35. Kürzlich ist ein kleines Fragment archaischer Argonauten-Dichtung publiziert worden, das Orpheus, Mopsos und Aietes nennt: *P. Oxy.* 53, 3698.

[263] Siehe jetzt auch H. Knell, *Mythos und Polis. Bildprogramme griechischer Bauskulptur* (Darmstadt 1990); T. Carpenter, *Art and Myth in Ancient Greece* (London 1991); H. Shapiro, *Myth into Art* (London 1994).

[264] H. Shapiro, ›Old and New Heroes: Narrative, Composition, and Subject in Attic Black-Figure‹, *Classical Antiquity* 9 (1990), 114-48. S. auch die Tabelle der Veränderungen auf den attischen Bauchamphoren bei I. Scheibler, ›Bild und Gefäß‹, *Jahrbuch des Deutschen Archäologischen Instituts* 102 (1987: 57-118), 89.

[265] J. Bremmer, ›The Old Women of Ancient Greece‹, in J. Blok und P. Mason (Hrsg.), *Sexual Asymmetry. Studies in Ancient Society* (Amsterdam 1987: 191-215), 200 f.

[266] Vgl. A. Henrichs, ›Three Approaches to Greek Mythography‹, in Bremmer, *IGM* 242-77; M.-M. Mactoux, ›Panthéon et discours mythologique: le cas d'Apollodore‹, *Revue de l'Histoire des Religions* 206 (1989), 245-70; C. Jacob, ›Le savoir des mythographes‹, *Annales ESC* 49 (1994), 419-28.

Kapitel 6

[267] J. Scott, ›Women's History‹, in P. Burke (Hrsg.), *New Perspectives on Historical Writing* (Oxford 1991), 42-66; D. Gilmore, *Mythos Mann. Rollen, Rituale, Leitbilder* (München und Zürich 1991).

[268] Keine moderne Geschichte der griechischen Religion widmet den Geschlechterrollen ein eigenes Kapitel.

[269] Ephippos, Frg. 3; Nonnos, *Dionysiaka* 25, 220; Hesychios s.v. *stephanon ekpherein.* Wir wissen nicht, wie weit dieser Brauch verbreitet war.

[270] Calame, *Chœurs* 1 (Anm. 65), passim (grundlegend); Dowden, *DM*; eher elementar E. Specht, *Schön zu sein und gut zu sein. Mädchenbildung und Frauensozialisation im antiken Griechenland* (Wien 1989).

[271] S. zuletzt S.G. Cole, ›The Social Function of Rituals of Maturation‹, *Zeitschrift für Papyrologie und Epigraphik* 55 (1984), 233-44; Brulé, *Fille d'Athènes* (Anm. 117), 179-283; C. Sourvinou-Inwood, *Studies in Girls' Transitions* (Athens 1988); Dowden, *DM* 9-47; Lonsdale, *Dance and Ritual Play* (Anm. 155), 169-93. Unser Wissen ist durch die Publikation der Vasen mit Darstellungen der Rituale sehr erweitert worden: s. L. Kahil, *Comptes rendus de l'Académie des Inscriptions et Belles-Lettres* 1988, 799-813 (mit Bibliographie).

[272] Korinth: Calame, *Chœurs* 1 (Anm. 65), 220-3. Ilion: Graf, ›Die lokrischen Mädchen‹, *Studi Storico-Religiosi* 2 (1978), 61-79. Keos: Plutarch, *Moralia* p. 249.

[273] Sparta: Calame, *Chœurs 1* (Anm. 65), passim. ›Lesbische‹ Liebe: Calame ebd. 433-6; 2, 86-97; A. Lardinois, ›Lesbian Sappho and Sappho of Lesbos‹, in Bremmer, *From Sappho to De Sade* (Anm. 198), 15-35.

[274] Chios: Athenaios, *Deipnosophisten* 13 p.566e. Elis: Pausanias 5, 16; vgl. C. Calame, ›Pausanias le périégète en ethnographie‹, in J.-M. Adam u.a. (Hrsg.), *Le discours anthropologique* (Paris 1990), 227-50; N. Serwint, ›The Female Athletic Costume at the Heraia und Prenuptial Initiation Rites‹, *American Journal of Archaeology* 97 (1993), 403-22.

[275] Helena: Calame, *Chœurs* 1 (Anm. 65), 333-50; *SEG* XXVI 457 f. und XXXV 320 (?); L. Kahil, *LIMC* IV.1 (1988), s.v. Kanephoros; Brulé, *Fille d'Athènes* (Anm. 117), 301-08. Kallisto: A. Henrichs, in Bremmer, *IGM*, 254-67; Dowden, *DM*, 182-91; I. McPhee, *LIMC* VI.1 (1992), s.v. Kallisto. – Wettbewerbe: Graf, *NK*, 275.

[276] Über Ritual und Mythos s. jetzt Brulé, *Fille d'Athènes* (Anm. 117), 79-123; Parker, ›Myths of Early Athens‹ (Anm. 234), 195 f. (dem ich mich anschließe); U. Kron, *LIMC*

IV.1 (1988), s.v. Erechtheus; G.J. Baudy, ›Der Heros in der Kiste. Der Erichthoniosmythos als Aition athenischer Erntefeste‹, *Antike & Abendland* 38 (1992), 1-47.

[277] R. Ross Holloway, ›Why Korai?‹, *Oxford Journal of Archaeology* 11 (1992), 267-74; H. Rühfel, ›Ein frühklassisches Knabenköpfchen‹, in Froning, *Kotinos* (Anm. 26), 175-80, bemerkt, daß Marmorstatuen von Mädchen oft kleiner als die von Jungen sind.

[278] Parker, *Miasma*, 84 f.; S.G. Cole, ›*Gynaiki ou Themis*: Gender Difference in the Greek *Leges Sacrae*‹, *Helios* 19 (1992), 104-22; H. von Staden, ›Women and Dirt‹, ebd. 7-30.

[279] J. Bremmer, ›Why did Early Christianity attract Upper-Class Women?‹, in A. Bastiaensen u.a. (Hrsg.), *Mélanges G.J.M. Bartelink* (Steenbrugge und Dordrecht 1989), 37-47 (Spätantike) und ›Old Women‹ (Anm. 265), 193 f.; Theophrast, Frg. 486 (alte Frauen). F. Graf, ›Dionysian and Orphic Eschatology‹, in Carpenter/Faraone, *Masks of Dionysus* (Anm. 78), 239-58 (Gräber).

[280] Überwachung: Cole, ›*Gynaiki ou Themis*‹ (Anm. 278), 113 f. Exekutionen: Versnel, *IGRR* 1, 115-19.

[281] Vgl. C. Bérard, ›Das Reich der Frauen‹, in C. Bérard u.a., *Die Bilderwelt der Griechen* (Mainz 1985), 127-154; F. Lissarrague, ›Frauenbilder‹, in P. Schmitt Pantel (Hrsg.), *Geschichte der Frauen 1: Antike* (Frankfurt a.M. 1993), 177-255; H. Shapiro, ›The Iconography of Mourning in Athenian Art‹, *American Journal of Archaeology* 95 (1991), 629-56.

[282] Mythologie: J. Gould, ›Law, Custom and Myth: Aspects of the Social Position of Women in Classical Athens‹, *Journal of Hellenic Studies* 100 (1980: 38-59), 52-58. Pandora: J. Rudhardt, ›Pandora: Hésiode et les femmes‹, *Museum Helveticum* 43 (1986), 237-39; N. Loraux, *Les enfants d'Athéna* (Paris ^{2}1990), 261 f.

[283] Vasen: Sourvinou-Inwood, ›*Reading*‹ *Greek Culture* (Anm. 1), 58-98. ›Zähmung‹: Calame, *Chœurs* 1 (Anm. 65), 411-20; R. Nisbet und M. Hubbard, *A Commentary on Horace: Odes Book II* (Oxford 1978), 77-93; P. Ghiron-Bistagne, ›Le cheval et la jeune fille ou de la virginité chez les anciens Grecs‹, *Pallas* 32 (1985), 105-21.

[284] Io: N. Yalouris, *LIMC* V.1 (1990), s.v. Io I. – Proitos-Töchter: Burkert, *HN*, 189-93; Dowden, *DM*, 70-95.

[285] Leukippiden: Calame, *Chœurs* 1 (Anm. 65), 323-33; M. Prange, ›Der Raub der Leukippiden auf einer Vase des Achillesmalers‹, *Antike Kunst* 35 (1992), 3-18. ›Brautentführung‹: Bremmer/Horsfall, *Roman Myth* (Anm. 194), 110 (J. Bremmer). Thessalien: Älian, *De natura animalium* 12, 34.

[286] Vgl. M.-L. Bernhard und W. Daszewski, *LIMC* III.1 (1986), s.v. Ariadne; F. Jurgeit ebd. s.v. Ariatha; J. Neils, *LIMC* V.1 (1990), s.v. Iason (Medea). Verrat: Bremmer, ›Old Women‹ (Anm. 265), 204.

[287] Eriphyle: R. Buxton, *Persuasion in Greek Tragedy* (Cambridge 1982), 37. C. Sourvinou-Inwood: ›The Fourth Stasimon of Sophocles' *Antigone*‹, *Bulletin of the Institute for Classical Studies* 36 (1989), 141-65; ›Myths in Images: Theseus and Medea as a Case Study‹, in Edmunds, *Approaches* (Anm. 218), 395-445; ›Sophocles‹ Antigone as a »Bad Woman«‹, in F. Dieteren und E. Kloek (Hrsg.), *Writing Women into History* (Amsterdam 1990), 11-38. Alte Frauen: Bremmer, ›Old Women‹ (Anm. 265), 203.

[288] S. jetzt den innovativen Ansatz von J. Blok, *The Early Amazons* (Leiden 1994).

[289] E. Degani, in *Aristophane = Entretiens Hard* 38 (Vandoeuvres und Genf 1993), 42.

[290] O. Masson, *Onomastica Graeca selecta* 2 (Paris 1990), 543-47 (= *Zeitschrift für Papyrologie und Epigraphik* 66, 1986, 126-30: Artemis) und 605-11 (= *Museum Helveticum* 45, 1988, 6-12: Bendis).

[291] Initianden in Argos erhielten während der Heraia einen Schild; vgl. Burkert, *HN*, 183 f.; L. Moretti, ›Dagli *Heraia* all'*Aspis* di Argo‹, *Miscellanea Greca e Romana* 16 (Rom 1991), 179-89.

[292] W. Burkert, ›Weibliche und männliche Gottheiten in antiken Kulturen‹, in J. Martin und R. Zoepffel (Hrsg.), *Aufgaben, Rollen und Räume von Frau und Mann* (Freiburg und München 1989), 157-79; N. Loraux, ›Was ist eine Göttin?‹, in Schmitt, *Geschichte der Frauen* (Anm. 281), 33-64.

[293] S. zuletzt Parker, *Miasma*, 81-83; Burkert, *GR*, 365-70; J. Winkler, *Der gefesselte Eros: Sexualität und Geschlechterverhältnis im alten Griechenland* (Marburg 1993), 275-304 (auch über Adonia); U. Kron, ›Frauenfeste in Demeterheiligtümern: das Thesmophorion von Bitalemi‹, *Archäologischer Anzeiger* 1992, 611-50; Versnel, *IGRR* 2, 228-88. Auf diese Studien beziehe ich mich auch wegen der Quellen.

[294] *Contra* Versnel, *IGRR* 2, 275.

[295] Dies ist problematisch, doch legen manche Passagen die Möglichkeit lokaler Varianten oder späterer Entwicklungen nahe; s. etwa Strabon 1, 3, 20 (Tod von 25 Mädchen während der Thesmophoria); Cicero, *in Verrem* IV 99 (Frauen und Mädchen führen Opfer für Demeter im sizilischen Katane, Catania, durch); Lukian, *Hetärendialoge* 2.1 (Hetäre und Jungfrau als Teilnehmerinnen); Scholien zu Theokrit 4, 25c (Mädchen und Frauen als Teilnehmerinnen; freilich ein verworrener und ganz offenbar später Text – er erwähnt Bücher!).

[296] Zu Hütten und Betten s. jetzt U. Kron, ›Kultmahle im Heraion von Samos archaischer Zeit‹, in Hägg, *Early Greek Cult Practice* (Anm. 97), 135-47 und ›Frauenfeste‹ (Anm. 293), 620-23; D. Baudy, ›Das Keuschlamm-Wunder des Hermes‹, *Grazer Beiträge* 16 (1989), 1-28.

[297] Vgl. Servius, *zu Vergils Aeneis* 1, 403 (Korinth); Apollodoros *FGrHist* 244 F 89 (Paros); Herodot 2, 171 (Danaiden).

[298] Zur Verbindung dieser Komödie mit dem Fest s. F. Zeitlin, ›Travesties of Gender and Genre in Aristophanes' Thesmophoriazousae‹, in H. Foley (Hrsg.), *Refections of Women in Antiquity* (New York 1981), 169-217; Bowie, *Aristophanes*, 205-27. Demen und Thesmophoria: K. Clinton, in R. Hägg (Hrsg.), *Religion in the Early Greek Polis* (Stockholm 1996).

[299] Versnel, *IGRR* 2, 242-44.

[300] Baubo: F. Graf, *Eleusis und die orphische Dichtung Athens in vorhellenistischer Zeit* (Berlin und New York 1974), 170 f. Heimlichkeit: C. Riedweg, *Mysterienterminologie bei Platon, Philon und Klemens von Alexandrien* (Berlin und New York 1986), 11.

[301] Unsere Hauptquelle, eine Passage in den Schollen zu Lukian (275, 23-276, 28 ed. Rabe), beschreibt wahrscheinlich das Fest in Athen, doch fand das Ritual auch andern-

orts statt; vgl. Riedweg, *Mysterienterminologie* (Anm. 300), 119 f. *Megara/Magara:* L. Robert, *Opera omnia selecta* 2 (Amsterdam 1969), 1005-07 und *Opera* 5 (Anm. 121), 289 f.; K. Clinton, ›Sacrifice at the Eleusinian Mysteries‹, in Hägg, *Early Greek Cult Practice* (Anm. 97), 69-80. Zur Verbindung mit der Fruchtbarkeit des Landes s. auch die Weihung von Pflügen und Hacken im Thesmophoreion von Gela: Kron, ›Frauenfeste‹ (Anm. 293), 636-39.

[302] Detienne/Vernant, *La Cuisine* (Anm. 181), 183-214. Anders Kron, ›Frauenfeste‹ (Anm. 293), 640-43, 650; R. Osborne, ›Women and Sacrifice in Classical Greece‹, *Classical Quarterly* 43 (1993), 392-405.

[303] Zu den *Bakchen* s. jetzt J. March, ›Euripides' *Bakchai*: A Reconsideration in the Light of Vase Paintings‹, *Bulletin of the Institute for Classical Studies* 36 (1989), 33-66; Versnel, *IGRR* 1, 131-205, passim.

[304] Vgl. A. Kossatz-Deissmann, ›Satyr- und Mänadennamen auf Vasenbildern‹, in *Greek Vases in the J. Paul Getty Museum* 5 (Malibu 1991: 131-99), 175-92.

[305] Vgl. J. Bremmer, ›Greek Maenadism reconsidered‹, *Zeitschrift für Papyrologie und Epigraphik* 55 (1984), 267-86; A. Bélis, ›Musique et transe dans le cortège dionysiaque‹, in P. Ghiron-Bistagne (Hrsg.), *Transe et théâtre = Cahiers du GITA* 4 (Montpellier 1988), 9-29.

[306] Diese Beispiele entnehme ich R. Osborne, ›The ecstasy and the tragedy: varieties of religious experience in art, drama and society‹ in C. Pelling und C. Sourvinou-Inwood (Hrsg.), *Tragedy and the Historian* (Oxford 1996). Zum Tanz s. jetzt M.-H. Delavaud-Roux, ›Danse et transe. La dance au service du culte de Dionysos‹, in Ghiron-Bistagne, *Transe et théâtre* (Anm. 305), 31-53; A. Henrichs, ›Der rasende Gott. Zur Psychologie des Dionysos und des Dionysischen in Mythos und Literatur‹, *Antike und Abendland* 40 (1994), 31-58.

[307] Vgl. R. Kannicht, ›Antigone bacchans‹, in Froning, *Kotinos* (Anm. 26), 252-55; R. Schlesier, ›Mixtures of Masks; Maenads as Tragic Models‹, und R. Seaford, ›Dionysus as Destroyer of the Household: Homer, Tragedy, and the Polis‹, in Carpenter/Faraone, *Masks of Dionysus* (Anm. 78), 89-114 bzw. 115-46; A. Henrichs, ›»Why should I dance?« Choral Self-Referentiality in Greek Tragedy‹, *Arion* III 1 (1994-95), 56-111.

[308] Diese Daten verdanke ich Osborne, ›The ecstasy‹ (Anm. 306); für Darstellungen auf den sog. Lenäischen Vasen s. jetzt F. Frontisi-Ducroux, *Le dieu-masque: une figure du Dionysos d'Athènes* (Paris 1991).

[309] Bremmer, ›Greek Maenadism‹ (Anm. 305), 282-84; doch s. auch R. Seaford, ›The Eleventh Ode of Bacchylides: Hera, Artemis, and the Absence of Dionysos‹, *Journal of Hellenic Studies* 108 (1988), 118-36.

[310] S. die Übersicht von Versnel, *IGRR* 1, 134-50.

[311] Burkert, *GR*, 274 f.; Versnel, *IGRR* 1, 103-05; zu den umfangreichen Bibliographien dort jetzt J. Bremmer, ›Onder de parfum, in de sla, tussen de vrouwen: Adonis en de Adonia‹, *Hermeneus* 59 (1987), 181-87; *DDD*, s.v. Adonis (S. Ribichini).

[312] Hesiod, Frg. 139; Sappho, Frg. 140a und 168; A. Henrichs, *Greek, Roman, and Byzantine Studies* 13 (1972), 92-94 (Epimenides); Panyassis, Frg. 22b (ed. Davies).

[313] Für ein weiteres mögliches Beispiel für semitischen Einfluß s. M. Stol, ›Greek

Deikterion: the Lying-in-State of Adonis‹, in J.H. Kamstra u.a. (Hrsg.), *Funerary Symbols and Religion* (Kampen 1988), 127 f.

314 G.J. Baudy, *Adonisgärten. Studien zur antiken Samensymbolik* (Frankfurt a.M. 1986), dessen Deutungen zu Initiationen nicht überzeugen; s. auch G. Pilitsis, ›The Gardens of Adonis in Seres Today‹, *Journal of Modern Greek Studies* 3 (1985), 145-66; A. Hiltebeitel, ›South Indian Gardens of Adonis Revisited‹, in Blondeau/Schipper, *Essais sur le rituel* 2 (Anm. 151), 65-91; F. Heinimann, *Museum Helveticum* 49 (1992), 81 f. (ein neues Zeugnis).

315 Vgl. J. du Boulay, ›Women – Images of Their Nature and Destiny in Rural Greece‹, in J. Dubisch (Hrsg.), *Gender & Power in Rural Greece* (Princeton 1986), 139-68.

316 Anders Winkler, *Der gefesselte Eros* (Anm. 293), 275-304, der seine modernen Parallelen aber nicht aus ländlichen Regionen entnimmt, sondern aus Kreisen, die bereits mit Ideen des Westens in Berührung gekommen sind.

Kapitel 7

317 Eine exzellente, wenn auch vielleicht zu statische Übersicht bietet W. Burkert, *Antike Mysterien* (München 1990); s. F. Graf, ›Mysteria‹, in Bremmer, *Encyclopaedia* (Anm. 3). Zum Mithraismus s. zuletzt R. Turcan, *Mithra et le Mithraicisme* (Paris 1993); K. Dowden, ›Mithraic mysteries‹, in Bremmer, *Encyclopaedia* (Anm. 3).

318 Eine vollständige Rekonstruktion bei Burkert, *HN*, 274-326; dazu K. Clinton, ›The sanctuary of Demeter and Kore at Eleusis‹, in Marinatos/Hägg, *Greek Sanctuaries* (Anm. 64), 110-24. Grade: K. Dowden, ›Grades in the Eleusinian Mysteries‹, *Revue de l'Histoire des Religions* 197 (1980), 409-27. Ikonographie: K. Clinton, *Myth and Cult. The Iconography of the Eleusinian Mysteries* (Stockholm 1992).

319 Dieses rätselhafte Detail verdanken wir nur einem gnostischen ›Naassenier‹, den Hippolytos, ein Kirchenvater aus dem 3. Jahrhundert n. Chr., in seiner *Refutatio* (5, 8, 39 f.) anführt; zu deren gnostischen Quellen s. J. Mansfeld, *Heresiography in Context* (Leiden 1992), 318-23.

320 Die genaue Verbindung des *Hymnos* mit den Mysterien ist umstritten; s. R. Parker, ›*The Hymn to Demeter* and the *Homeric Hymns*‹, *Greece & Rome* 38 (1991), 1-17; Clinton, *Myth and Cult* (Anm. 318), passim; H. Foley (Hrsg.), *The Homeric Hymn to Demeter* (Princeton 1993).

321 S. auch Bremmer, ›Religious Secrets‹ (Anm. 119).

322 M. Peters, *Die Sprache* 33 (1987), 272 (Etymologie); A. Raubitschek, *The School of Hellas*, hrsg. v. D. Obbink und P. Vander Waerdt (New York 1991), 229-38 (›The Mission of Triptolemus‹); Smarczyk, *Untersuchungen* (Anm. 11), 167-298; T. Hayashi, *Bedeutung und Wandel des Triptolemosbildes vom 6 bis 4. Jh. v. Chr.* (Würzburg 1992).

323 Platon: Riedweg, *Mysterienterminologie* (Anm. 300), 1-69. Epikur: Philodemos, *De Pietate* 550-59, 808-10 (ed. Obbink).

324 Demeter Eleusinia: Graf, *NK*, 274-77, 490; R. Parker, ›Demeter, Dionysus and the Spartan pantheon‹, in Hägg, *Early Greek Cult Practice* (Anm. 97), 99-103; C. Stibbe, ›Das

Eleusinion am Fuße des Taygetos in Lakonien‹, *Bulletin Antieke Beschaving* 68 (1993), 71-105. Knabe: Burkert, *HN*, 309 f.

[325] Lykomiden: Simonides, Frg. 627; Plutarch, *Themistokles* 1; Pausanias 1, 22, 7 und 31; 4, 1, 5-9. Wölfe und Initiation: Bremmer/Horsfall, *Roman Myth* (Anm. 194), 43 (J. Bremmer). *Kleision* als ›Männerhaus‹: L. Gernet und A. Boulanger, *Le génie grec dans la religion* (Paris 1970; [1]1932), 72. S. allgemein D. Obbink, ›A Quotation of the Derveni Papyrus in Philodemos »On Piety«‹, *Cronache Ercolanesi* 24 (1994), 111-35.

[326] Samothrake: S.G. Cole, *Theoi Megaloi. The Cult of the Great Gods* at Samothrace (Leiden 1983); W. Burkert, ›Concordia Discors: the Literary and the archaeological evidence on the sanctuary at Samothrace‹, in Marinatos/Hägg, *Greek Sanctuaries* (Anm. 64), 178-91. Lemnos: Burkert, *HN*, 217 f. Theben: J.-M. Moret, ›Circé tisseuse sur les vases du Cabirion‹, *Revue Archéologique* 1991, 227-66. Große Göttin: Graf, *NK*, 117 f.

[327] Orphismus: Burkert, *GR*, 432-51, und ›Craft versus Sect: the Problem of Orphics and Pythagoreans‹, in Meyer/Sanders, *Jewish and Christian Self-Definition* 3 (Anm. 83), 1-22; M.L. West, *The Orphic Poems* (Oxford 1983), mit den Rezensionen von L. Brisson, *Revue de l'Histoire des Religions* 202 (1985), 389-420, wieder in Ders., *Orphée et l'Orphisme dans l'Antiquité gréco-romaine* (Aldershot 1995), Kap. 1; F. Graf, *Gnomon* 57 (1985), 585-92; N. Richardson, *Classical Review* 35 (1985), 87-90; G. Casadio, *Studi e Materiali di Storia delle Religioni* 52 (1986), 291-322 und *Orpheus* 8 (1987), 381-95. Die beste Bibliographie stammt von A. Bernabé, *Tempus* (Madrid) 0 (1992), 5-41.

[328] Zu Ort, Zeit und Pythagorismus s. J. Bremmer, ›Orpheus: from Guru to Gay‹, in Ph. Borgeaud (Hrsg.), *Orphisme et Orphée en l'honneur de Jean Rudhardt* (Genf 1991), 13-30, bes. 23-26 (hier etwas modifiziert). Orpheus als Sänger: F. Graf, ›Orpheus: A Poet among Men‹, in Bremmer, *IGM*, 80-106.

[329] Graf (Anm. 327), 590; J. Vinogradov, ›Zur sachlichen und geschichtlichen Deutung der Orphikerplättchen von Olbia‹, in Borgeaud, *Orphisme* (Anm. 328), 77-86; L. Zhmud', ›Orphism and Graffiti from Olbia‹, *Hermes* 120 (1992), 159-68.

[330] Zu diesen späteren Gedichten s. die vielen Studien von L. Brisson, die jetzt in seinem Buch *Orphée* (Anm. 327) zusammengestellt sind.

[331] Der Text findet sich in der *Zeitschrift für Papyrologie und Epigraphik* 47 (1982) hinter S. 300; s. auch West, *Orphic Poems* (Anm. 327), 75-77. Bei einer Konferenz über den Papyrus in Princeton im Mai 1993 präsentierte Prof. K. Tsantsanoglou zwei zusätzliche Fragmente, die *vor* die bereits bekannten gehören.

[332] Die Nacht war auch (zusammen mit dem Schweigen) die erste in Antiphanes' Komödie *Theogonie* (?), vgl. L. Kassel und C. Austin, *Poetae Comici Graeci* 2 (Berlin und New York 1991), 366 f. Eudemos: L. Brisson, ›Damascius et l'Orphisme‹, in Borgeaud, *Orphisme* (Anm. 328), 157-209, bes. 201 f.

[333] Vgl. L. Robert, *Opera minora selecta* 7 (Amsterdam 1990), 569-73, mit einer Erörterung von – bestimmt orphischen – Weihungen für die Nacht. Zur Nacht als erster s. auch Graf (Anm. 327), 588.

[334] FGrHist 323 F 25. Dies hat jetzt Obbink, ›Quotation‹ (Anm. 325), 130 f. gegen West, *Orphic Poems* (Anm. 327), 251 gezeigt.

[335] H. Lloyd-Jones, *Greek Epic, Lyric, and Tragedy* (Oxford 1990), 80-105.

[336] Zu einem möglichen Hintergrund dieses Mythos in der orientalischen Mythologie s. J. Bottéro, ›L'anthropogonie mésopotamienne et l'élement divin en l'homme‹, in Borgeaud, *Orphisme* (Anm. 328), 211-55 (skeptisch); Burkert, *Orientalisierende Epoche* (Anm. 35), 116 f. (positiver).

[337] Vgl. G. Casadio, ›La metempsicosi tra Orfeo e Pitagora‹, in Borgeaud, *Orphisme* (Anm. 328), 119-55. Zu einer ›Orphischen Katabasis‹ s. H. Lloyd-Jones, *Greek Comedy, Hellenistic Literature, Greek Religion and Miscellanea* (Oxford 1990), 333-42; N. Horsfall, *Zeitschrift für Papyrologie und Epigraphik* 96 (1993), 17 f.

[338] R. Janko, ›Forgetfulness in the Golden Tablets of Memory‹, *Classical Quarterly* 34 (1984), 89-100 (mit der Rekonstruktion eines Archetypos von Gruppe B).

[339] Vgl. G. Zuntz, *Persephone* (Oxford 1971), 277-393 (Liste auf S. 286); s. auch die Liste in Graf, ›Dionysian ... Eschatology‹ (Anm. 279), 257 f. und die hervorragenden Photos in G. Pugliese Carratelli, *Le lamine d'oro ›orfiche‹* (Mailand 1993); dazu der noch unpublizierte Text aus Lesbos, der in *Archaeological Reports* 1988-89, 93 angekündigt ist (vgl. hier Anm. 342) sowie *SEG* XLI 401 (Aigion: mandelförmig); *SEG XLII* 619 (Pella: Lorbeerblatt). A. Bottini, *Archeologia della salvezza* (Milano 1992), bietet Nützliches zum archäologischen Hintergrund der Goldblättchen aus Italien.

[340] Schon das 1974 publizierte Hipponion-Blättchen erwähnt ›*mystai*‹ und ›*bacchoi*‹, s. zuletzt A. Bernabé, ›El poema órfico de Hipponion‹, in J.A. López Férez (Hrsg.), *Estudios actuales sobre textos griegos* (Madrid 1991), 219-35.

[341] K. Tsantsanoglou und G. Parassoglou, ›Two Gold Lamellae from Thessaly‹, *Hellenika* 38 (1987), 3-17; s. auch Lloyd-Jones, *Greek Epic* (Anm. 335), 105-09; F. Graf, ›Textes orphiques et rituel bacchique‹, in Borgeaud, *Orphisme* (Anm. 328), 87-102; G. Apicella, ›Le lamelle di Pelinna‹, *Studi e Materiali di Storia delle Religioni* 58 (1992), 27-39; Graf, ›Dionysian ... Eschatology‹ (Anm. 279).

[342] P. Chrysostomou, *He Thessaliké theá En(n)odía e Pheraía theá* (Diss. Thessaloniki 1991), 372-98: *Symbola. An(d)rikepaidóthyrson – Andrikepaidóthyrson – Brimó – Brimó. Eísithi hieròn leimóna: ápoinos gar ho mystes. ápedon.* Ähnliche *symbola*, »Paßwörter«, werden bei späteren Bakchischen Mysterien erwähnt; vgl. Riedweg, *Mysterienterminologie* (Anm. 300), 82-84; Burkert, *Mysterien* (Anm. 314), 48-50.

[343] Bakchische Mysterien: Versnel, *IGRR* 1, 150-55; W. Burkert, ›Bacchic *Teletai* in the Hellenistic Age‹, in Carpenter/Faraone, *Masks of Dionysus* (Anm. 78), 259-75.

[344] Vgl. C. Riedweg, *Jüdisch-hellenistische Imitation eines orphischen Hieros Logos* (München 1993), 47 f. (Anfang; mit vielen Parallelen), 52 (Ende).

[345] Dies mag mit gewissen Einschränkungen die Annahme von F. Graf, ›Dionysian ... Eschatology‹ (Anm. 279), 250 bestätigen, daß die Blättchen ein Begräbnis voraussetzen. Konnten aber diese ›Priester‹ auch außerhalb großer Städte bei plötzlichen Todesfällen greifbar sein? Oder wurden die Blättchen manchmal während einer Initiation zum späteren Gebrauch beim Begräbnis ausgegeben?

[346] R. Turcan, ›Bacchoi ou Bacchants‹, in *L'Association dionysiaque dans les sociétés anciennes* (Rom 1986), 227-46; G. Casadio, ›I *Cretesi* di Euripide e l'ascesi Orfica‹, *Didattica del Classico* 2 (1990: 278-310), 293 f.

[347] S. auch Versnel, *IGRR* 1, 210.

[348] Orphische Bücher: Detienne, *L'écriture* (Anm. 170), 109-15. Sophisten: J. Mansfeld, *Mnemosyne* IV 33 (1980), 94 Anm. 345.

[349] Eleusis: Graf, *Eleusis* (Anm. 300). Theben: Moret, ›Circé tisseuse‹ (Anm. 326).

[350] Eine neuere Übersicht, der ich viel verdanke, bietet R. Parker, ›Early Orphism‹, in A. Powell (Hrsg.), *The Greek World* (London 1985), 483-511.

[351] Apollon: M.L. West, *Studies in Aeschylus* (Stuttgart 1990), 34-43. Derveni-Papyrus: Dies zeigt Obbink (Anm. 325) auf der Grundlage von Philochoros *FGrHist* 328 F 185.

[352] Versnel, *IGRR* 1, 108 und insbesondere Obbink (Anm. 325).

[353] Vgl. A. Henrichs, ›The Sophists and Hellenistic Religion: Prodicus as the Spiritual Father of the Isis Aretalogies‹, *Harvard Studies in Classical Philology* 88 (1984), 139-58.

[354] S. die wichtige Erörterung von S. Humphreys, ›Dynamics of the Greek Breakthrough: The Dialogue between Philosophy and Religion‹, in S. Eisenstadt (Hrsg.), *The Origins & Diversity of Axial Age Civilizations* (Albany 1986), 92-110, 494-502.

[355] Zum intellektuellen Atheismus und zur Haltung des Platon und des Theophrast gegenüber den Opfern s. P. Meijer, ›Philosophers, Intellectuals and Religion in Hellas‹, in Versnel, *Faith* (Anm. 135), 216-63; J.V. Muir, ›Religion and the new education: the challenge of the Sophists‹, in Easterling/Muir, *Greek Religion and Society* (Anm. 28), 191-218. Kritik am Opfer: G. Sfameni Gasparro, ›Critica del sacrificio cruento e antropologia in Grecia. Da Pitagora a Porfirio I: la tradizione pitagorica, Empedocle e l'orfismo‹, in F. Vattioni (Hrsg.), *Sangue e antropologia* 5 (Rom 1987), I 107-55.

[356] M.R. Lefkowitz, ›Was Euripides an Atheist?‹, *Studi Italiani di Filologia Classica* III 5 (1987), 149-66 und ›»Impiety« und »atheism« in Euripides' dramas‹, *Classical Quarterly* 39 (1989), 70-82; C. Riedweg, ›A Euripides' dramas‹, *Classical Quarterly* 39 (1989), 70-82; C. Riedweg, ›A Euripidean Fragment‹, *Classical Quarterly* 40 (1990), 124-36 und ›The »Atheistic« Fragment from Euripides' *Bellerophontes* (286 N^2)‹, *Illinois Classical Studies* 15 (1990), 39-53; M. Santoro, ›Sisifo e il presunto ateismo di Crizia‹, *Orpheus* 15 (1994), 419-29.

[357] H. Yunis, *A New Creed: Fundamental Religious Beliefs in the Athenian Polis and Euripidean Drama* (Göttingen 1988); M. Fusillo, ›Was ist eine romanhafte Tragödie? Überlegungen zu Euripides' Experimentalismus‹, *Poetica* 24 (1992), 270-99 (mit ausführlichen Literaturangaben); S. Hornblower, ›The Religious Dimension to the Peloponnesian War, or, What Thucydides Does Not Tell Us‹, *Harvard Studies in Classical Philology* 94 (1992), 169-97.

[358] Vgl. O. Murray, ›The Affair of the Mysteries: Democracy and the Drinking Group‹, in Murray, *Sympotica* (Anm. 123), 149-61.

[359] N.D. Smith, ›Diviners and Divination in Aristophanic Comedy‹, *Classical Antiquity* 8 (1989), 140-58; Dover, *The Greeks* (Anm. 21), 72 (Thukydides).

[360] Neue Götter: Versnel, *IGRR* 1, 102-23; P. Garland, *Introducing New Gods* (London 1992), bes. 116-35 (Asklepios; mit ausführlicher Bibliographie). Sophokles: Henrichs, ›»Der Glaube der Hellenen«‹ (Anm. 69), 298-301. K. Clinton, ›The Epidauria and the Arrival of Asclepius in Athens‹, in Hägg, *Ancient Greek Cult Practice* (Anm. 202), 17-34, dessen epigraphische Rekonstruktion ernsthafte Zweifel über die Ankunft der

Schlange erweckt. Gaben: G. Kaminski, ›Thesauros. Untersuchungen zum antiken Opferstock‹, *Jahrbuch des Deutschen Archäologischen Instituts* 106 (1991), 63-181.

361 Eupolis, Frg. 259, 115 ist zu der ausführlichen Erörterung bei Versnel, *IGRR* 1, 105-11 hinzuzufügen; ferner zur Herkunft der Kybele Graf, *NK*, 110-15; I. Fakri, ›Die Entstehung der frühen Kybelebilder Phrygiens‹, *Jahreshefte des Österreichischen Archäologischen Instituts Wien* 57 (1986-87: Beiblatt), 41-107.

362 Bendis: C. Montepaone, ›Bendis Tracia ad Atene: l'integrazione del »nuovo« attraverso forme dell' ideologia‹, *Annali, Istituto Orientale di Napoli: Archeologia e storia* 12 (1990), 103-21; Versnel, *IGRR* 1, 111-13; Garland, *Introducing New Gods* (Anm. 360), 111-14; *SEG* XXXIX 210; hier Kapitel 6, 3. Sabazios: E.N. Lane, *Corpus Cultus Iovis Sabazii* 3 (Leiden 1989); Versnel, *IGRR* 1, 114-18 (der ihn ebenfalls zu einem Thraker macht, doch stammen alle Zeugnisse dafür frühestens aus dem Hellenismus).

363 Humphreys, ›Dynamics‹ (Anm. 354), 107. Zu Pan und den Nymphen s. van Straten, ›Daikrates' dream‹ (Anm. 57), passim; W.R. Connor, ›Seized by the Nymphs: Nympholepsy and Symbolic Expression in Classical Greece‹, *Classical Antiquity* 7 (1988), 155-89.

364 Vgl. H. Pleket, ›Religious History as the History of Mentality: The ›Believer‹ as Servant of the Deity in the Greek World‹, in Versnel, *Faith* (Anm. 135), 152-92; Versnel, *IGRR* 1, 169 f. und 194-97.

365 Siehe die treffenden Bemerkungen von J. North, ›The Development of Religious Pluralism‹, in J. Lieu u.a. (Hrsg.), *The Jews among Pagans and Christians in the Roman Empire* (London 1992), 174-93.

366 Traditionelle Magie: C. Faraone, ›Sex and Power: Male-Targeting Aphrodisiacs in the Greek Magical Tradition‹, *Helios* 19 (1992), 92-103 und ›The Wheel, the Whip and Other Implements of Torture: Erotic Magic in Pindar *Pythian* 4.213-19‹, *Classical Journal* 89 (1993), 1-19. Allgemein s. F. Graf, *Gottesnähe und Schadenzauber: Die Magie in der griechisch-römischen Antike* (München 1996); C. Faraone, ›Magic‹, in Bremmer, *Encyclopaedia* (Anm. 3).

367 Vgl. C. Faraone, ›The Agonistic Context of Early Greek Binding Spells‹, in C. Faraone und D. Obbink (Hrsg.), *Magika Hiera* (Oxford 1991), 3-32; C. Habicht, *Athen in hellenistischer Zeit* (München 1994), 14-18.

368 Vgl. S. Price, *Rituals and Power. The Roman imperial cult in Asia Minor* (Cambridge 1984), 25-40; s. auch A. Świderek, ›La cité grecque et l'évolution de la mentalité religieuse dans les premiers temps de l'époque hellénistique‹, *Eos* 78 (1990), 259-72.

369 Zum 4. Jahrhundert v. Chr. s. J. Mikalson, *Athenian Popular Religion* (Chapel Hill und London 1983); C. Auffarth, ›Aufnahme und Zurückweisung »neuer Götter« im spätklassischen Athen: Religion gegen die Krise, Religion in der Krise?‹, in W. Eder (Hrsg.), *Die athenische Demokratie im 4. Jahrhundert v. Chr.* (Stuttgart 1995), 337-65.

370 Einen guten Überblick über die hellenistische Religion bietet Z. Stewart, ›La religione‹, in R. Bianchi Bandinelli (Hrsg.), *Storia e civiltà dei Greci* 8 (Milano 1977), 503-616; siehe auch T. Scheer, ›Religion‹, in H.H. Schmitt und E. Vogt (Hrsg.), *Kleines Lexikon des Hellenismus* (Wiesbaden [2]1993), 639-65.

Anhang

[371] Vgl. W. Euler, ›Gab es eine indogermanische Götterfamilie?‹, in W. Meid (Hrsg.), *Studien zum indogermanischen Wortschatz* (Innsbruck 1987), 35-56; Dunkel, ›Vater Himmels Gattin‹ (Anm. 64).

[372] Burkert, *Structure and History* (Anm. 73), 132-34.

[373] Die Bedeutung dieser Altersgruppe geht bereits auf die Zeit vor Homer zurück; vgl. A. Hoekstra, *Epic Verse before Homer* (Amsterdam 1981), 76-81.

[374] *Hieros:* J.L. García Ramón, ›Griechisch *hieros* und seine Varianten, vedisch *isirá*‹, in R. Beekes u.a. (Hrsg.), *Rekonstruktion und relative Chronologie* (Innsbruck 1992), 183-205; dazu F. Bader, *Studi Classici e Orientali* 41 (1991), 76-83. M. Clarke, ›The Wisdom of Thales and the Problem of the Word »hieros«‹, *Classical Quarterly* 45 (1995), 296-317. *Hagnos:* Burkert, *GR*, 45.

[375] Gebet: G. Dunkel, ›Periphrastica Homerohittitovedica‹, in B. Brogyanyi und R. Lipp, *Comparative-Historical Linguistics: Indo-European and Finno-Ugric* (Amsterdam 1993), 103-118. Trankopfer: E. Polomé, ›Der indogermanische Wortschatz auf dem Gebiete der Religion‹, in Meid, *Studien* (Anm. 371), 201-17, bes. 208.

[376] Burkert, *GR*, 45; dagegen E. Campanile, ›Riflessioni su *hekatómbe*‹, in *Studia linguistica ... dedicati alla memoria di Enzo Evangelisti* (Milano 1991), 149-54.

[377] Dies legen die Formel von *kleos aphthiton*, ›unvergänglichem Ruhm‹, und von *klea andron*, ›Ruhm (Plural) der Männer‹ nahe: s. zuletzt C. Watkins, in E. Polomé und M. Winter (Hrsg.), *Reconstructing Languages and Cultures* (Berlin und New York 1992), 411-16; E. Campanile, ›Zur Vorgeschichte der idg. Dichterformeln‹, in Brogyanyi/Lipp, *Comparative-Historical Linguistics* (Anm. 375), 61-71.

[378] J.B. Hainsworth in A. Heubeck u.a. (Hrsg.), *A commentary on Homer's Odyssey* I (Oxford 1988), 369 zu *Odyssee* 8, 325 (ein Vergleich mit der *Rig-Veda* legt nahe, daß dies eine uralte Formel ist); C.J. Ruijgh, *Mnemosyne* IV 44 (1993), 539.

[379] F. Graf, ›Religion und Mythologie im Zusammenhang mit Homer‹, in J. Lataczs (Hrsg.), *Zweihundert Jahre Homer-Forschung* (Leipzig und Stuttgart 1991: 331-62), 350 f.

[380] So noch weitgehend Burkert, *GR*, 50, doch s. jetzt insbesondere die Untersuchungen von R. Hägg, ›Mycenean Religion: the Helladic and the Minoan components‹, in Morpurgo Davies/Duhoux, *Linear B* (Anm. 64), 203-25 und ›The Role of Libations in Mycenaean Ceremony and Cult‹ sowie W.-D. Niemeier, ›Cult Scenes on Gold Rings from the Argolid‹, in Hägg/Nordquist, *Celebrations* (Anm. 254), 177-84 bzw. 165-70.

[381] S. jetzt Marinatos, *Minoan Religion* (Anm. 194).

[382] Vgl. Burkert, *Orientalisierende Epoche* (Anm. 35), 48-50; dazu F. Lissarrague, *L'autre guerrier* (Paris 1991), 55-69.

[383] Zu diesem Einfluß s. Burkert, *Orientalisierende Epoche* (Anm. 35); freilich überzeugen nicht alle der von ihm herangezogenen Parallelen. So ist es wenig wahrscheinlich, daß sich der Mythos von den *Sieben gegen Theben* aus dem Orient ableitet; vgl. H.W. Singor, ›The Achaean Wall and the Seven Gates of Thebes‹, *Hermes* 120 (1992), 401-11.

[384] S. jetzt auch W. Burkert, ›The Formation of Greek Religion at the Close of the Dark Ages‹, *Studi Italiani di Filologia Classica* 85 (1992), 533-51.

Abbildungsverzeichnis

Abkürzung: APM = Allard Pierson Museum, Amsterdam

Register